Harvard Business Review
Press

JN025278

集

ハーバード・ビジネス・レビュー編集部 編
DIAMONDハーバード・ビジネス・レビュー編集部 訳

ダイヤモンド社

Emotional
Intelligence
EI シリーズ

FOCUS

HBR Emotional Intelligence Series

by

Harvard Business Review

Published by arrangement with Harvard Business Review Press, Brighton, Massachusetts
through Tuttle-Mori Agency, Inc., Tokyo

集中力　FOCUS　目次

［日本語版に寄せて］

どうすれば人は集中できるのか

予防医学研究者　**石川善樹**

みなさん、はじめまして。石川善樹です。

本書のテーマは、いま大きな注目が集まっている「Ｆｏｃｕｓ」（フォーカス／集中力）です。このテーマがいかに世界的に注目を集めているか、そのインパクトを知るために、まずは次のグラフを見てください。横軸が西暦（一八〇〇年〜二〇〇八年）、縦軸が英語で書かれた本の中で「フォーカス」という単語が登場した割合です。

このグラフを見て明らかなように、近年ビジネス領域で注目が集まっている他の概念（マインドフルネスやレジリエンス）と比較しても、大きな注目が集まっていることがわかります。

おそらく、このグラフを見ると次のような問いが浮かんでくると思います。

英語で書かれた本の中で「Focus」という単語が登場した割合

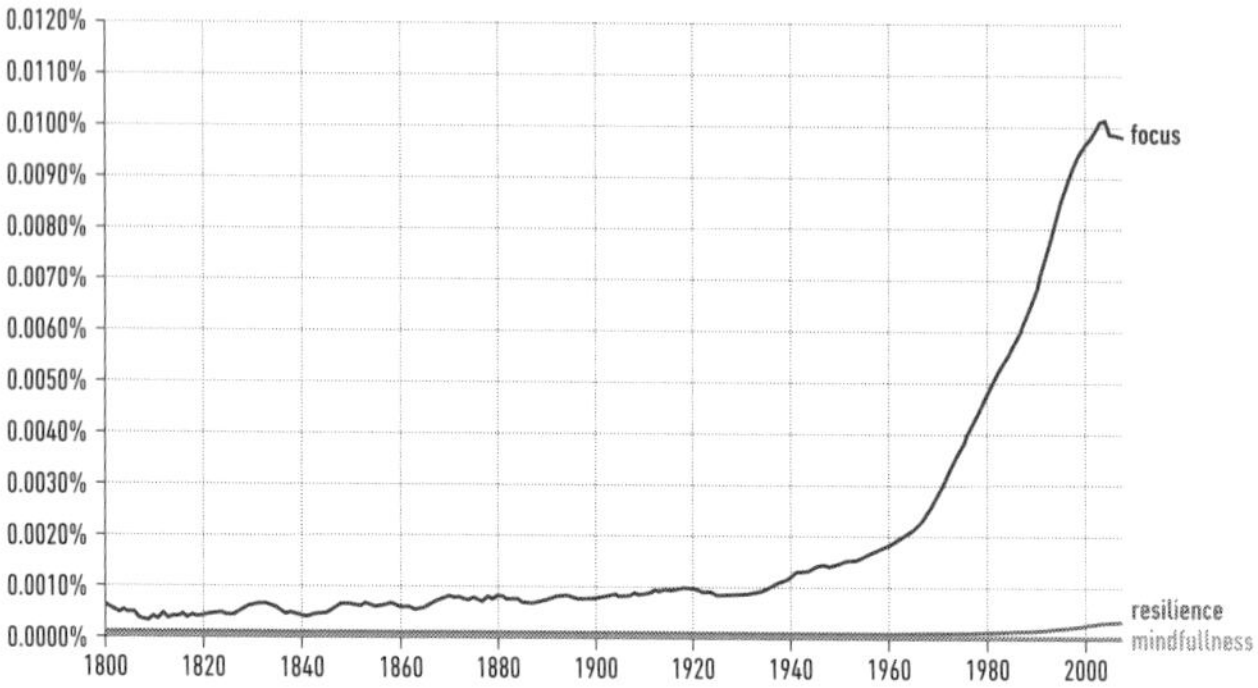

出典：Google Ngram Viewer より

Q なぜ、一九七〇年代からフォーカスにこれほど注目が集まり始めたのか？

Q そもそも、フォーカスとは何か？

Q 具体的に、どうやってフォーカスをつくり出すのか？

本書はこれらの問いに対して、『ハーバード・ビジネス・レビュー』に寄稿された一〇本の論文によって答えようとするものです。もちろん、どの問いも大変難しいものです。とくに人間や社会を対象とした研究は、「因果関係の解きほぐしが難しい」、「コンセンサスを得るのが難しい」、あるいは、「再現性が低い」という問題にぶつかります。

因果関係の解きほぐしが難しい問題

たとえば、一つ目の問いである「なぜ、一九七〇年代からフォーカスにこれほど注目が集まり始めたのか？」。その主な理由として、「情報量が増えて集中が難しくなった」という仮説を持ったとします。直感的には正しそうな仮説ですが、どのようにして検証すればよいのでしょうか。具体的に考えると大きな壁にぶつかってしまいます。

コンセンサスを得るのが難しい問題

あるいは、二つ目の問いである「そもそも、フォーカスとは何か？」。これも難問です。言うまでもなく、フォーカスとは人間がつくり出した概念でしかなく、「水」のように物理的な実体があるものではありません。それゆえ、人為的に定義するしかないのですが、当然、人によって「狭い定義」をする人もいれば、「広く定義」する人も現れます。すると何が起きるかというと、コンセンサスを得るのが難しいという問題が生じてくるのです。本書をご覧いただくとわかると思いますが、各人それぞれにフォーカスを定義しており、その多様性が見てとれます。

再現性が低い問題

さらに、三つ目の問いである「具体的に、どうやってフォーカスをつくり出すのか？」。この問いに答えるためには、まず大前提として、人がフォーカスしているかどうか測定しなければなりません。なぜなら科学の基本は測定であり、測定できないものは果たして改善しているかどうかわからず、結果としてフォーカスをつくり出せているかどうか不明になるからです。

このような問題に果敢にチャレンジしている日本企業があります。たとえば、眼鏡メーカーであるＪＩＮＳは、集中力を測定できるＪＩＮＳ ＭＥＭＥという眼鏡型デバイスを開発・発売しています。この眼鏡で得た集中力に関するデータを活用して、「世界一集中できる物理空間」であるＴｈｉｎｋ Ｌａｂ《シンク・ラボ》事業を運営しています。最近増えているコワーキング（複数人で働く）スペースではなく、最高のソロ（一人で深く考える）ワークスペースとして空間事業を展開し、ＢｔｏＢ事業では企業オフィス内に「集中空間」を、ＢｔｏＣ事業ではテレワーク場所としての「集中を予約できる空間」を汐留を起点に始めています。

とはいえ、これは珍しい例であり、多くの場合、そもそもフォーカスできているかどうかをきちんと測定していないのが実情です。主観的な「フォーカスできた気がする」という報告に頼っており、結果として再現性が低いという問題が発生します。


以上の問題がありながらも、フォーカスに対する高い関心があるという事実は疑いようがありません。言うまでもなく、本書でご紹介する論文は、この分野における世界最高峰の知恵者・実践者たちが持論を展開しているので、必ずや参考になるポイントが得られると思います。私自身、改めて本書を読んでみて、「なるほど！」と思える知見を得ることができましたし、さっそく自身の生活に取り込んでみることにしました。

たとえば、第10章でシュワルツ氏は「人間にはリズムがある」と述べています。この発言にはハッとさせられ、「では自分はどのようなリズムが適しているのか？　ずーっとフォーカスすることはもちろんできないので、どのようなリズムを築くべきか？」と考えさせられ、自分なりの方法論を考案するきっかけになりました。おそらく読者のみなさんもいろいろな気付きを得られると思いますし、そうであることを期待しています。

さて、少し話題を変えさせてください。今回、編集部から本書の「まえがき」を担当するよう依頼された理由は、おそらく、私がスポーツ選手やビジネスパーソンなどを対象とした「集中力」の研究を行ってきたからだと推察されます。具体的には、次のような問いに対して取り組みを行ってきました。

Q どのような「物理的環境」をつくると集中できるのか？
Q 長期にわたりパフォーマンスを高く保つには、「何に」集中の重心を置くべきか？

そこで、これら二つの問いに対して、私たちが日本人を対象として研究を行い、その結果得られた知見を述べていきたいと思います。

どのような「物理的環境」をつくると集中できるのか？

まず、集中できる空間を考察するうえで、逆に現代人が一番集中できていない場所はどこだと思いますか。

実は、先ほど紹介したJINS MEMEで測定した結果、多くの日本人が一番集中できない場所は、オフィスだという驚愕の結果が出ています（調査では集中できる順に、公園九七%、喫茶店八三%、ホテルロビー七七%、新幹線七〇%、図書館六七%、オフィス四三%という結果が出ました）。株式会社Think Labの取締役、井上一鷹さんが実際の計測データを紹介されていますが、オフィスがまったく集中に向いていないことがわかります。

なぜかというと、日常生活で集中を阻害する要因の最たるものは「同僚とスマホ」なのです。人は深い集中状態に入るためには、二三分の時間を要すると言われていますが、オフィスでは一一分に一回の割合で、周りの人間に話しかけられるか、メールかチャットが届きます。これでは、集中した作業、集中した思考を行えるはずがありません。

ですので、まずどういう空間であるべきか、というと「人と目が合わない構造であること」、「スマホの通知から離れること」が大事になります。

この一人で過ごせる時間をしっかりつくることに加えて、JINS MEMEによる研究では、集中を上げるためには、

①できるだけ集中「要素」を満たすこと
②集中に入りやすい「構造」を用意すること
③集中に入るための「準備」を整えること

の大きく三つが、集中できる「物理的環境」には必要になってくることがわかってきました。

①できるだけ集中「要素」を満たすこと――五感の最適化

まず、一つ目ですが、五感刺激の最適化が一番重要になります。

一般的なオフィスでは、人工的な光／音／匂いに囲まれて生活しています。これでは、集中

に必要な緊張とリラックスで言うと、緊張はできるのですがリラックスがないので、集中し続けるのが非常に困難になっていることがわかってきています。

JINS MEMEで計測した研究結果では、五感（特に視覚／聴覚／嗅覚）に最適な刺激を設計した場合には、集中向上効果が見られました（詳細は経済産業省ホームページをご覧いただければと思います「平成30年度経済産業省デジタルプラットフォーム構築事業（ワークスタイル変革モデル事業調査）」https://www.meti.go.jp/meti_lib/report/H30FY/000196.pdf）。

これらの研究を通してわかってきた視覚／聴覚／嗅覚への最適刺激に関して、実際にThink Labで行われていることを列挙してみます。

視覚 植物の最適設計：人の視界に入る植物の割合を「緑視率」と言います。その心理的リラックス効果が最大限に発揮されるよう植物を配置。最適な緑視率でチューニングされているため、深い集中を得られます。

視覚 光マネジメント：朝・昼・夕方・夜の一日の時間変化と人間の体内時計に合わせて、

調光・調色を行います。自然光に近いバランスに整えることで、体内のリズムを崩すことなく、集中することができます。

聴覚 ハイレゾ自然音：専用スピーカーを設置し、森・川の「ハイレゾリューション音源」と呼ばれる広帯域で高音質の自然音源を再生しています。空間音響設計にも配慮することで、集中力・生産性の向上やリフレッシュを助けます。

嗅覚 オリジナルアロマ：アロマディフューザーを設置し、一〇〇％天然のオリジナルアロマを焚いています。集中に対して、「入る」「持続する」「深まる」という三つのコンセプトをもとに、複数のオイルがバランスよくブレンドされた香りで、自然と集中へのスイッチが入ります。

②集中に入りやすい「構造」を用意すること――ルーティン

次に構造ですが、どんなに集中できる場所をつくっても、人はすぐに集中できるわけではなく、アスリートの世界でも言われる「ルーティン」が必要となります。

Ｔｈｉｎｋ Ｌａｂでは、参道と呼んでいる静かな暗闇で、視覚／聴覚情報を一気に下げ、オリジナルアロマを感じる嗅覚のみをアクティブにして、良質な緊張感をつくることで、緊張から緩和のルーティンをつくっています。

私も加わらせていただいたＴｈｉｎｋ Ｌａｂをつくる際の合言葉は、「東京に、高野山をつくろう！」でした。緊張をつくってから、緩和させる。そうした「構造」により、集中力が研ぎ澄まされる「準備」が整うのです。

また、実際に集中する椅子でも、その姿勢の種類によって、創造性の高い仕事に必要な「収束思考」と「発散思考」は、視線の角度によって、その思考への入りやすさが変わることがわかっています（Ｔｈｉｎｋ Ｌａｂのトップページをご覧いただくと、そのイメージに合うイラストが出てきます）。

③集中に入るための「準備」を整えること――集中を予約するＵＸ

最後に「準備」ですが、ＪＩＮＳ ＭＥＭＥで計測してきて顕著に差が出たのが、「集中する内容を先に予約しているか、どうか」でした（実際に予約して集中することで、四〇・二％から四六・八％へと集中力がアップしたという結果も出ています）。このように、計測前に「何分かけて何をやるか」を決めるだけで、集中力は顕著に上がるのです。

ですので、ＴｈｉｎｋＬａｂではスマホアプリで予約し利用するＵＸ（ユーザーエクスペリエンス）をつくりました。みなさんのスケジューラーでも同じことができると思うので、会議などの物理的な予定だけではなく、ぜひ、「集中」を予約してみてください。

以上、どのような物理的空間をつくると集中できるのか、という点について見てきました。次は時間軸を伸ばし、長期的な視点からフォーカスを見ていきましょう。

長期にわたりパフォーマンスを高く保つには、「何に」集中の重心を置くべきか？

長期にわたりパフォーマンスを高く保つためには、「何に」集中の重心を置くべきでしょうか。その答えは、小さな問いと小さな報酬を繰り返す「習慣のモデル」を持つことにあります。

そもそも習慣とは何でしょうか。ある修道院では新人が入るたびに、「なぜ私たちは祈るのでしょうか」と問いかけ、「神様に近づくため」「気持ちが穏やかになるから」といった意見が出ると、こう答えるそうです。「祈りを告げる鐘が鳴るからです」。鐘が鳴るなどの何かのきっかけに対し、ある行動をした結果、癒やされるなどの報酬が得られる。「きっかけ↓行動↓報酬」、この単純なループが習慣の正体です。

ただし、原理はシンプルであるにもかかわらず、新たな習慣形成はそう簡単ではありません。脳は、理性や意志を司る大脳新皮質（新しい脳）、習慣を司る大脳基底核（古い脳）、感情を司る大脳辺縁系（真ん中の脳）の三層構造となっています。新しい脳は大きな変化を好むため、「大きく変われ」という指令を古い脳に伝えようとしますが、真ん中の脳が「変化＝恐怖」と判断し、指令をはじいてしまうのです。

そのため、最初のハードルを下げて小さく始めよと指南する本もあります。小さな変化は恐怖と見なされず、指令が行き届く可能性が高いからです。ただ、この方法では、大きな変化を好む新しい脳が満足しません。

このジレンマを解消するのが、「小さな問い」を立て、それを「きっかけ」として行動を促す方法です。たとえば甲子園の試合中継で、最初から無名校の勝敗に興味を持つ人はそれほどいないでしょうが、その高校が出場するまでの物語を知ると、にわかに気になってくる。それは、選手の情報や戦い方などの知識が得られたことで、興味に結び付く小さな問いが形成されるからです。新しい脳が好む「きっかけ」がつくられたということです。

小さな問いを立てるには、先ほどの習慣のループで言う「報酬」(たとえば勝利条件)の定義から始めることが重要です。その際、「営業成績で一番になる」ではなく、「一日一件、顧客訪問数を増やす」のように、明確かつ小さく設定してください。「ではどうすればよいか」という小さな問いが生まれやすいからです。そこから好奇心が生まれて行動し、それが報酬につながることで、さらに次の小さな問いが生まれ、と、ループが回り出します。

長期間にわたって活躍するトップアスリートは、この「小さな問い」と「小さな報酬」を巧みに設定しています。たとえば「オリンピック出場」という大きな目標も、「歩幅を一センチ広げる」といった小さな報酬に分解する。さらにそれを「小さな問い」に変換し、「小さな改善」を続け、継続的なパフォーマンス向上につなげています。

ループを長期間回し続けるのに欠かせないのが、エネルギーとなるモチベーション(動機)です。次の図は、長期間活躍するアスリートに共通する動機モデルを描いたものです。縦軸は(楽しみや意味などの)内的動機・(金銭や昇進などの)外的動機を表し、横軸は、右に行くほ

パフォーマンスと動機の関係

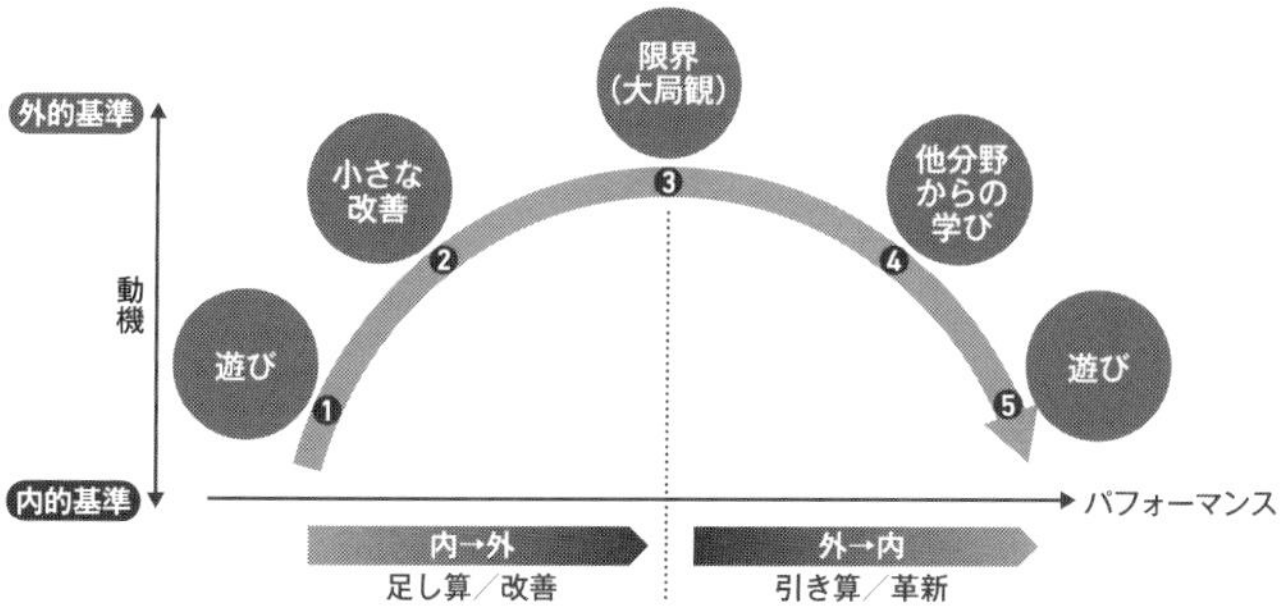

どパフォーマンスが高い状態を表します。

多くのアスリートは、最初は競技を「遊び」として始めています。楽しい、面白いといった内的動機が中心です。そしてプロやメダル獲得を目指すうちに、「一秒でも速く走る」といった外的動機が中心を果たすようになります。しかし、小さな改善を積み重ねていくと、これ以上何をしても成長の余地がないという、やりつくした状態に至ります。

トップアスリートは、ここで他分野から学びを取り入れるなどして大局的に自身を振り返り、再び内的動機に向き合っていくのです。最終的には、複雑に積み重ねてきたものがそぎ落とされ、当初の遊ぶ感覚にまで回帰していくのだと思います。

がむしゃらな意志の力だけでは、短期的には頑張れても長くは続きません。みずから小さな問いを立て、行動し、小さな報酬に結び付ける、このような試行錯誤を習慣化できた人が、限界を突破し、新しい革新のフェーズに入り、パフォーマンスを向上させ続けることができるのです。

＊　＊　＊

ここまで私見を交えながら、フォーカスについて考察をしてきました。繰り返しになりますが、フォーカスは人工的な概念ゆえに、その定義は一様ではなく、またフォーカスするためのテクニックも再現性は必ずしも高くはありません（そもそも、人間を対象とした研究は、結果がばらつきやすいという宿命をはらんでいます）。

ゆえに、本書は体系的な理解を目指すというより、「自分にとってしっくりくるアイデア」を見つけられればラッキーという具合に、気楽に読んでもらえたら嬉しいです。

Harvard Business Review
Emotional Intelligence
FOCUS

1

リーダーは集中力を操る

ダニエル・ゴールマン
Daniel Goleman

"The Focused Leader,"
HBR, December 2013.

リーダーに要求される三つの集中力

関心の方向づけは、リーダーの大きな役割である。そのためには、まず自分から関心を何かに集中する術を身につけなくてはならない。「集中した状態」とは一般に、頭のなかから雑念を追い出して一つのことだけを考える状態を指す。ところが神経科学分野における近年の豊富な研究から、集中にはいくつもの方法があり、目的も関係する神経回路も、異なることが判明している。しかも、神経回路同士が歩調を合わせる場合もあれば、相反しがちな場合もある。

集中の形態を、①自分への集中、②他者への集中、③外界への集中、の三種類に分けると、リーダーシップスキルを発揮するための、新たな知見を引き出すことができる。リーダーは、じっくり内省して建設的な姿勢で他者に関心を集中することで、EI（エモーショナル・インテリジェンス：感情的知性）の柱をなす能力を培えるだろう。視野を広げてそこに関心を集中する方法を理解すると、戦略立案、イノベーション、組織マネジメントの手腕が高まるはずだ。

リーダーは皆、自分、他者、外界への集中力をうまく調和させつつ、十分に育む必要がある。なぜなら、自分を見つめないと指針を示せず、他者に十分な関心を払わないと愚かな振る舞い

1. The Focused Leader

をしてしまい、外界を注視していないと不意打ちに遭いかねないのだ。

自分自身に集中する

自分を見つめる、つまり、自分の内なる声に耳を傾けるのが、ＥＩを高めるうえでの出発点である。これを実践すると、リーダーは多くの手がかりをもとによりよい判断を下し、本当の自分を探り当てることができる。すると何が起きるだろうか。この抽象的な概念を具体的にとらえるには、自分を見つめるとはどういうことかを考えるとよい。

自己認識（セルフ・アウェアネス）

自分の内なる声に耳を傾けるということは、体内で発せられる生理学的なシグナルに細心の注意を払うという意味である。このかすかな合図を監視するのは、前頭葉の裏側に位置する島皮質である。身体のどこかに注意が向くと、その部分への島皮質の感受性が高まる。私たちが自分の心臓の鼓動に耳を澄ますと、それに関連する回路の神経単位が、島皮質の働きによってより活性化する。実際、心臓の鼓動をどれだけ感じ取れるかは、自分にどれだけ意識を集中しているかを測る標準的モノサシとされている。

直感とは島皮質と扁桃体からのメッセージであり、何が正しいか誤っているかを「感覚」として伝えている（神経科学者のアントニオ・ダマシオは、これをソマティック・マーカーと呼ぶ）。これは私たちの注意をよりよい選択肢に向かわせ、意思決定を簡略化してくれる。ただし、このメッセージは必ず当たるとは限らず（「コンロの火をつけっぱなしにしてしまったかも」という直感はどれだけ当たるだろうか）、直感をよりよく活かすには、広い視点から深く読み取るとよい（**囲み**「あなたはこの囲みを流し読みしていないだろうか」を参照）。

一例として、英国の研究者グループが、ロンドンの金融街の投資銀行四行のプロフェッショナル・トレーダー一一八人と上級マネジャー一〇人にインタビューし、その内容を分析した結果について考えたい。

成績最上位のトレーダーたち（平均年俸五〇万ポンド）は、分析と直感のどちらか一方だけに頼るのではなく、あらゆる感情とじっくり向き合い、直感の有用性を見極めていた。損失を被った場合は内なる不安を受け入れ、慎重な姿勢を強め、リスクを軽減した。

一方、成績最下位のトレーダーたち（平均年俸わずか一〇万ポンド）は、不安を無視して直感だけを頼りに突き進む傾向があった。内面から発せられる多様なシグナルに注意を払わなかったせいで方向を誤ったのである。

その時々の感覚的な心象に意識を集中することが、自己認識の大きな柱である。ただし、リーダーシップを発揮するうえでは、もう一つ欠かせない要素がある。過去から現在までの経験を総合して、本当の自分について首尾一貫したとらえ方をすることだ。

本当の自分であるとは、他人から見た自分が自己像と重なり合う状態を意味する。これを実現するには、一つには、他人、とりわけ貴重な意見や正直なフィードバックをくれる人が自分をどう思っているかに、注意を払う必要がある。

集中のあり方としてここで有用なのは、開かれた意識、つまり、何かにすっかり気を取られたり、翻弄されたりせずに、周囲の状況に幅広く注意を払う状態である。良し悪しを判断したり、切り捨てたり、無視したりするのを避けて、ありのままに物事を認識するのである。

意見を聞くより述べる立場に慣れたマネジャーは、難しいと感じるかもしれない。意識を開かれた状態に保てないのは、たいてい、些事にいら立ってそれに邪魔されるからである。

空港でセキュリティ・チェックを受ける際、他の旅行者が手荷物をX線検査装置に通すのにやたらと手間取る様子に接したような場合が、これに当たる。意識を開いた状態で注意力を保つことのできる人は、他の旅行者が手間取る様子に目を留めてもさして気にせず、より多くの状況を受け止めるだろう（**囲み**「広い範囲に意識を向けよう」を参照）。

たとえ耳を傾ける態勢でいたとしても、誰かが意見を寄せてくれるとは限らない。残念ながら、他人が自分をどう見ているかを知る機会は非常に少なく、出世街道を走る経営幹部ともなればなおさらである。だからこそ、ハーバード・ビジネススクールでは、ビル・ジョージ教授の「本物のリーダーシップの養成」講座が大盛況なのだろう。この講座では「進むべき方向」というグループを設けており、他人の意見を通して本当の自分を知る力を伸ばそうとする。

この種のグループは、「己を知るにはまず周囲に自分をさらけ出すとよい」という教訓に基づいており、誰でも参加できる。ここでは、メンバー同士が胸襟を開いて親密になるという。ビル・ジョージはこう説明する。「（このグループは）安心できる場なのです。他の場所では持ち出せそうもない個人的な悩みも、ここでなら話し合えます。最も身近な家族にさえ相談できない悩みでもね」

その効用については、「信頼する相手に自分の人生について語って初めて、私たちは本当の自分を知るのです」と言う。つまりこれは、本人が考える「本当の自分」像と、厚い信頼を寄せる他者の見方とを比べ、外からの目を通して真の自分を確かめる方法なのである。

自己管理

「認知制御」という専門用語がある。気が散りそうな誘惑に打ち勝って、「これ」と決めた対象に注意を向け続けるという意味である。このような集中力は、脳の前頭前皮質に備わる実行機能の一種であり、平たく言えば「意志の力」や「自制心」と同じである。

障壁や挫折を乗り越えて目標を追求するうえでは、認知制御が役に立つ。このような断固として目標を達成しようとする姿勢を生み出す神経回路は、御しにくい感情の手綱を締める働きも持つ。危機の最中に冷静さを保ったり、興奮を抑えたり、大失敗や大混乱から立ち直ったりするのも、優れた認知制御のなせる業である。

数十年にも及ぶ研究の積み重ねから、リーダーとして成功するうえでは意志力が抜きん出た重要性を持つことがわかっている。とりわけ説得力の強い研究としては、一九七〇年代のある年にニュージーランドのダニーデン市で出生した、全一〇三七人の人生を長期に追跡したものがある。被験者には、幼年期の数年間に、意志力を測るさまざまな検査を実施した。

その一つ、心理学者ウォルター・ミシェルが考案した有名なマシュマロ実験は、マシュマロ一個をもらってすぐに食べるのと、一五分間我慢した後に二個食べるのと、どちらかを選ばせるというものである。ミシェルの実験では、①マシュマロ一個を即座に頬張る、②少しの間我慢する、③一五分間ずっと我慢する、という三つの行動パターンには、おおよそ均等に人数が分散するという結果が出た。

その後、三〇代になった被験者のほぼ全員（九六％）を再び調べた。すると、子どもの頃に一五分間ずっとマシュマロを食べずに我慢して高い認知制御力を示したグループのほうが、我慢せずすぐに食べてしまったグループよりもはるかに健康状態がよく、収入が高く、法律を守る傾向が強かった。

事実、統計分析からも、子どもが後に経済的に成功するかどうかを予測する指標としては、IQ、社会階層、家庭環境よりも自制心の強さのほうが有用だと判明している。

ミシェルは、集中力が自制心を発揮するうえでのカギだと述べている。欲求を満たそうとする衝動と自制心とがせめぎ合う局面では、三種類の認知制御力が働く。①欲求の対象から自発的に注意を逸らす能力、②欲求の対象に関心を引き戻そうとする誘惑に抗う能力、③将来の目標に意識を集中して、それを達成したらどれだけ気分がよいかを想像する能力、である。

ダニーデンの被験者たちは、成人しても幼い頃の性向から逃れられなかったかもしれないが、必ずしもそうなるとは限らない。集中力は伸ばすことができるのである（囲み「自制心を培う」を参照）。

他者に関心を集中する

「注意」（attention）という言葉は、「触れ合おうとする」を意味するラテン語の「attendere」に由来している。他者への関心とはまさにこの「触れ合おうとする」ことに他ならず、EIの第二の柱である共感や第三の柱である社会的な関係を築く力の土台をなすものだ。

他者に関心を集中するのが上手な経営者は、はたから見てすぐにそうとわかる。彼らは、相手と共通の土台を見つけ出す、非常に重みのある意見を述べる、他の人々に「一緒に仕事をしたい」と思わせる、といった特質を持つ。こうした人々は、組織あるいは社会での地位にかかわらず、生来のリーダーとして頭角を現す。

共感の三タイプ

通常は、共感をいくつもの種類に分けて語ることはない。しかし、リーダーが他者に共感を示す様子を注意深く観察すると、以下の三種類が浮かび上がってくる。効果的なリーダーシップを発揮するうえでは、このどれもが重要である。

- **認知的共感**：他者の視点を理解する力
- **情動的共感**：他者の感情をくみ取る力
- **共感的関心**：相手が自分に何を求めているかを察知する力

「認知的共感」を抱いたリーダーは、自分の言わんとすることをはっきり説明できる。これは直属の部下から最大限の成果を引き出すうえで欠かせないスキルである。大方の予想とは裏腹に、認知的共感を抱くには、相手の胸の内をそのまま受け止めるのではなく、相手がどんな感情を持っているかを考える必要がある。

認知的共感は探究心によって培われる。認知的共感力を持つ優れた経営者は、「すべてを学びたい、周囲の全員を理解したいという意欲を、常に持ち続けてきました。なぜあのような行動を取ろうと考えたのだろう、なぜあのような行動を取ったのだろう、何がうまくいき、何がうまくいかなかったのか、などとね」と語っている。

もっとも、自己認識が認知的共感の糧になる場合もある。人間は、推論機能を持つ神経回路の働きにより、自分の思考について考え、そこから生じる感情を感知できる。私たちが望めば、この同じ回路を用いて、他人についても同様の推論をすることができる。

「情動的共感」は、メンタリング、顧客対応、集団力学の把握をうまく行ううえで、重要な働きをする。その源泉は、大脳新皮質の内側にある進化的に古い部分、すなわち扁桃体、視床下部、海馬、眼窩前頭皮質である。これらの部位の働きにより、私たちは深く考えなくても速やかに何かを感じることができる。文字通り相手の痛みを感じ取るなど、自分の体内に他者と同じ情動が湧き起こるのだ。

興味深い話を聞いていると、私たちの脳は相手と同じ活動パターンを示す。タニア・ジンガー（マックス・プランク認知神経科学研究所の社会神経科学部門ディレクター）が指摘するように、「他人の感情を理解するには、まずは自分の感情を理解する必要がある」のだ。

情動的共感を呼び起こすには、二種類の注意を働かせることになる。一方では、相手の感情に対する自分の反応に意識的に注意を向け、他方では、表情や声の調子などから相手の感情を幅広く読み取るのである。

「共感的関心」は、情動的共感と密接な関係にあり、人々の感情だけでなく、相手が自分に何を求めているかを察知する力を、私たちに与えてくれる。主治医、配偶者、そして上司にも、この種の関心を持ってもらいたいものである。

共感的関心を引き起こすのは、親の注意を子どもに向けさせる役割を持つ神経回路である。誰かが愛らしい赤ん坊を連れて部屋に入ってきた時に、その場にいる人々の視線がどう動くかを見れば、哺乳類の脳中枢にあるこの回路が突如として活性化したことがわかるはずだ。

ある神経理論によると、この反応は扁桃体と前頭前皮質で起きる。扁桃体は危険を察知する脳内レーダーに刺激されて、前頭前皮質は「思いやりの物質」とされるオキシトシンの分泌をきっかけに、それぞれ反応するのだという。ここからは、共感的関心には相反する二つの効果があることがうかがえる。私たちは、他者の苦悩を我が事のように受け止める時には直感に頼るが、相手のニーズに応えるかどうかを判断する時は、その人の幸福が自分にとってどれだけ重要かを熟考するのである。

直感と熟考のバランスをうまく取ることには大きな意味がある。他者に同情しすぎると、自分自身が苦しくなる。人助けが生業であるような場合、これは共感疲労につながりかねない。経営幹部は、人や状況にまつわるどうしようもない問題への不安にさいなまれるおそれがある。しかし、自分を防御するために感情を抑制すると、共感を持てなくなってしまうかもしれない。共感的関心を持つには、他者の痛みを感じる力を保ったまま、自分の苦悩とうまく付き合うことが求められる。

さらに、研究機関による複数の調査は、共感的関心をうまく活かすことが道徳的判断を下すうえで重要だと示唆している。志願者を募って、身体に痛みを抱えた人の話を聞いてもらうと、その時の脳画像からは、脳中枢の痛みを感じる部分がすぐさま反応する様子が見て取れた。

ところが、身体の痛みではなく心理的な苦痛にまつわる話を聞いた場合は、共感的関心や思いやりといった高等な機能を司る脳中枢が、緩やかに活性化した。状況の心理的、道徳的側面を把握するのにいくらか時間を要したのである。気が散ったり取り乱したりしていればいるほど、繊細な共感や同情は起きにくい。

人間関係の構築

社会的な感受性に欠ける人物は、少なくとも他人の目からは容易にそうと見分けがつく。彼らは愚か者である。専門能力の高いＣＦＯが、他人に対して威嚇、締め出し、えこひいきなどを行う一方、それを指摘されると、責任逃れ、激高、逆恨みといった態度を示す。あえて嫌な奴として振る舞っているのではない。自分の欠点に少しも気づいていないのである。

社会的な感受性は認知的共感と関連するように思われる。一例として、認知的共感力の高い経営幹部は海外赴任先で優れた成果を上げるのだが、これはおそらく、未知の文化に接してもすぐに暗黙の規範を読み取り、その文化に特有の考え方を学ぶからだろう。社会的文脈に注意を払えば、状況がどうあれ、そつなく振る舞い、一般的なエチケットに直感的に従い、他の人々を安心させるような振る舞いができる（時代によっては、よいマナーとはこういうことを指したのかもしれない）。

海馬前部に集中する神経回路は社会的な文脈を読み取る働きをする。たとえば、元同級生に対するのと、家族や同僚に対するのでは直感的に違った態度を取るよう導いてくれる。この神経回路はまた、熟考を司る前頭前皮質と連携して、不適切な行動を取ろうとする衝動を抑えつける。したがって、状況への感受性を調べる検査では、海馬の機能を測定する場合がある。

ウィスコンシン大学教授で神経科学者のリチャード・デイビッドソンの仮説によると、対人関係にきわめて敏感な人々と、その場の状況をうまく読めないと思しき人々とを比べた場合、前者のほうが海馬や前頭前皮質の活性が高く、両者のつながりも緊密だという。

これと同じ神経回路は、集団内の人間関係を理解する働きもしているだろう。このスキルは、人間関係を巧みに泳いでいくのに役立つ。組織にうまく影響力を及ぼす人は、メンバー間の力学を察知するだけでなく、発言力の最も大きな人物を特定できるため、周りを説き伏せる力を持った人々の説得に専念する。

注意すべき点もある。人間関係を理解、維持する能力は、昇進の階段を上って大きな権限を得るにつれて、心の持ち方のせいで衰えていく傾向があるのだ。心理学者でカリフォルニア大学バークレー校教授のダッチャー・ケルトナーが、地位に開きがある人同士の対面事例を調べた結果、地位の高いほうの人は決まって相手の目をあまり見ず、話を遮ったり、一方的にまくしたてたりする傾向が強いことがわかった。

事実、組織内でいかに有力者への配慮が行き届いているかを分析すると、階層構造が浮き彫りになる。AさんがBさんからの連絡や質問に返答するまでの時間が長ければ長いほど、AさんのBさんに対する相対的な地位は高い。全員の応答時間を相関図にまとめると、組織内の上下関係が驚くほど正確に見えてくる。上司は部下からのメールを何時間も放ったままにするが、部下の側では数分以内に返信するのだ。この傾向はめったに崩れないため、コロンビア大学は自動社会階層予測というアルゴリズムを開発したほどである。このアルゴリズムは諜報機関によって、テロ集団と思しきグループ内での影響力の働き方を総合的に把握して、中心人物を特定する目的で使われているとされる。

ただし肝心なのは、私たちが他人にどれだけ気を使うかは、自分の相対的な立場をどう見ているかによって決まるという点である。これは経営トップ層にとっては警鐘としての意味を持つ。彼らは、移り変わりの早い競争状況に対応するために、組織内のアイデアや人材を幅広く活用しなくてはならない。意識して注意を向けない限り、いつもの癖で組織の下層の人材が持つ優れたアイデアを見過ごしてしまうだろう。

外界に広く関心を向ける

外界への関心が強いリーダーは、聞き上手であるばかりか質問上手でもある。先見の明にあふれ、ある場所での判断が、遠く離れた場所や分野に及ぼす影響を察知したり、現在の選択が先々どのような結果をもたらすかを想像したりする力を持つ。一見すると関係のなさそうなデータが、意外にも自分の主な関心分野に役立つのならば、積極的に受け入れようとする。

メリンダ・ゲイツが説得力のある事例を紹介している。『60ミニッツ』というテレビ番組に出演した際、夫のビル・ゲイツについて、肥料に関する本を最初から最後まで読み通すような人だと語ったのである。司会のチャーリー・ローズは「なんでまた肥料の本を」と尋ねた。技術の進歩をテコに人類の生存率を飛躍的に高める方法を探し続けるビル・ゲイツにとって、肥料が自分の関心分野とつながりを持つのは明らかだった。「肥料が考案されなかったなら、数十億の人命が損なわれただろう」と言うのである。

戦略への集中

ビジネススクールの戦略コースでは例外なく、①現在の優位性を活かす、②新たな優位性を探る、という二種類の戦略を教えるだろう。意思決定に熟達した企業人六三人を被験者として、この二つのいずれかについて考えたり、両方を交互に検討したりする最中の脳画像を撮影したところ、特定の神経回路が活性化する様子が見て取れた。大方の予想通り、①には目の前の課題に集中する姿勢が、②には新しい可能性に広く目を留める姿勢が、それぞれ求められる。ところが、前者には予測や報酬に関連する神経回路の活動が伴っていた。

つまり、慣れ親しんだ領域で思考をめぐらすのは気分がよいのである。しかし、②へと思考を切り替えると、習慣から離れてあちらこちらを探索しながら新たな針路を見つけるために、意識して知的努力をしなくてはならない。

この努力ができないとしたら、原因は何だろうか。睡眠不足、深酒、ストレス、過度の精神的負担などは皆、意識の切り替えを担う神経回路の働きを邪魔するものである。イノベーションを目指して外の世界へと関心を向け続けるには、何にも邪魔されない時間を持ち、自省して集中力を新たにする必要がある。

イノベーションの源泉

情報が広く行き渡った現代では、アイデアを斬新な方法で組み合わせたり、手つかずの可能性を開拓するような鋭い問いを発したりすることが、新しい価値の創造につながる。創造的なひらめきを得る少し前、脳内では三分の一秒の間ガンマ波が発生する。この現象は広範囲に及ぶ脳細胞の間で同調が起きたことを示す。同時に活性化する神経細胞の数が多ければ多いほど、ガンマ波は大きくなる。このタイミングでガンマ波が起きることは、新しい神経ネットワークの形成をうかがわせる。おそらく新しいつながりが生じているのだろう。

ただし、ガンマ波に創造性の秘密があると見なすのは勇み足と言える。創造性をめぐる古典的な理論は、多種多様な関心が重要な役割を果たすのだと示唆している。私たちはまず、活用できそうな多様な情報を集めて心の準備をし、次に、問題に意識的に関心を集中したり、とりとめのないことを自由に考えたりということを、交互に繰り返す。

こうすると、アンテナを張った状態になる。あらゆる情報や意見に没入し、自分の課題に関連するものを逃すまいとするのだ。創造的な課題を選んでそれに注意を集中するのもよい。あるいは、先入観を追い払って自由に空想の翼を広げると、自ずと解決策が浮かんでくる（シャワー、散策、ランニングの最中に多くの新鮮なアイデアが生まれる理由でもある）。

システム認識の微妙な力

たくさんの点が映った写真をちらっと見せられて、点の数を問われると、最も正解に近い数字を述べるのはシステム思考に長けた人である。

このスキルは、ソフトウェア、組立ライン、マトリックス組織、生態系の破壊を食い止める手段などの設計や考案を得意とする人々に備わっており、実に有用な資質だと言える。何といっても、私たちはきわめて複雑なシステムなかで暮らしているのだから。

ただし、心理学者でケンブリッジ大学教授のサイモン・バロン＝コーエン（俳優のサシャ・バロン＝コーエンのいとこである）によると、システム認識に秀でた人の一部は、他者の考えや感情、人間関係などを十分に読み取れない「共感の欠如」という傾向を持ち、その人数は少ないとはいえ無視できないという。このような理由から、システムを把握する能力が高い人材は組織にとって資産ではあるが、リーダーとして優れているとは限らない。

ある銀行の幹部から聞いた話では、その銀行ではシステム分析職に特化したキャリア制度を他の職種とは別建てで設け、システム関連の能力だけをもとに昇進、昇給する仕組みにしているという。こうすれば、必要に応じて彼らに意見を求める一方、リーダーは高いＥＩを備えた別グループの人材から登用することができる。

集中力を自由に操る

その他大勢で終わりたくない人にとって、本稿のメッセージは明快である。集中力のあるリーダーとは、年間の優先課題上位三つだけに注力する人でもなければ、システム思考に誰よりも秀でた人でも、社風に最もよくなじむ人でもない。

集中力のあるリーダーとは、自分の注意力すべてを思いのままに操れる人である。自分の内なる感情に耳を傾け、衝動を抑え、他人からどう見られているかに気づき、他人が自分に何を求めているかを理解し、注意散漫を避けながら、先入観を排して自由に幅広く関心を持つ。

これは一筋縄ではいかない。もし簡単になれるなら、偉大なリーダーはもっと大勢いるはずではないか。集中力は、種類を問わずほぼすべてを伸ばすことができる。求められるのは才能よりもむしろ勤勉さである。分析力や身体機能を鍛えるのと同じように、注意を司る脳内の神経回路を鍛えればよい。

注意力と優秀さの関係性はまず表面に表れない。しかし、リーダーシップスキルの本質をなす要素の大半、たとえばEIや、組織・戦略分野の知性などは、注意力を土台としている。

ところが注意力は現在、かつてないほど脅かされている。データが絶えず怒涛の勢いで押し寄せてくるため、手抜きに陥りやすい。メールの題名だけを見て優先度を判断し、何件もの留守電メッセージを聞かずに放置し、メモや報告書を流し読みにしてしまう。注意力の低下によって仕事の質が落ちるばかりか、メッセージの絶対量が多いせいで、その内容についてじっくり考える時間がほとんど取れない。

この状況は、ノーベル経済学賞を受賞したハーバート・サイモンが、いまから四〇年も前に予見していた。サイモンは一九七一年に「情報は受け手の注意力を衰えさせる。（中略）この

1. The Focused Leader

ため、大量の情報は注意力の欠如を引き起こす」と記したのだ。

本稿の狙いは、注意力に焦点を当て、必要な時に必要なところに注意を向けられるようにすることである。注意の向け方に熟達すれば、自身と組織の重点課題を攻略できるだろう。

ダニエル・ゴールマン（Daniel Goleman）
心理学者、化学ジャーナリスト。ラトガース大学「組織におけるEI研究コンソーシアム」共同ディレクター。著書に『EQ こころの知能指数』（講談社）、『エコを選ぶ力─賢い消費者と透明な社会』（早川書房）などがある。

あなたはこの囲みを流し読みしていないだろうか

会話の最中に相手の言葉を右から左へ忘れてしまわないだろうか。

今朝、出勤のため車のハンドルを握りながら、上の空ではなかっただろうか。

誰かと一緒に昼食を取りながら、相手よりもスマートフォンに関心を寄せていないだろうか。

注意力とは言わば心の筋肉である。適切な訓練をすれば強化できるのだ。意識的に注意力を強化するための基礎反復訓練はシンプルなものである。注意力が散漫になったら、それを自覚し、本来向けるべき対象に注意を戻し、できるだけ長くその状態を保てばよい。この初歩的な練習は瞑想の根本をなす。瞑想は集中力と平静心を養い、ストレスによる心の揺れや不安を和らげる。

これと同じ役割を期待されているのが、ウィスコンシン大学の設計グループと神経科学者が共同で開発を進めるゲームソフト、テナシティである。不毛の砂漠や、天へつながる空想上のらせん階段などを舞台とした五、六種類の旅程が用意され、どれかを選んで仮想体験できる仕組みである。

初級レベルでは、息を吐くたびに一本の指でｉＰａｄの画面にタッチするのがルールである。ただし、五回に一回は二本の指でタッチしなくてはならない。上級レベルに進むにつれて、邪魔が増えて気が散りやすくなる。スクリーン上にヘリコプターが現れたり、飛行機がトンボ返りをしたり、鳥の群れがふいに横切ったりするのだ。

ゲームをしながら自分の呼吸のリズムに慣れてくると、瞑想をしている時のように、心が穏やかに研ぎ澄まされた感じがして、いくつもの情報のなかからどれかを選んで注意を払う、選択的注意の力が強化される。

スタンフォード大学のカーミング・テクノロジー研究所では、この因果関係を掘り下げ、呼吸数を測定するベルトなどのリラクゼーション用具を開発している。たとえば、受信箱に膨大なメールが届いているのを見て、いわゆるメール無呼吸症候群に陥ったなら、ｉＰｈｏｎｅアプリの助けを借りて呼吸と気持ちを落ち着かせる練習をするのも一案である。

広い範囲に意識を向けよう

カメラのレンズの設定を変えて、焦点を絞ったり、パノラマ撮影をしたりすることができるのと同じく、私たちの注意も、対象を狭い範囲に限定したり、逆に広げたりすることができる。

注意の及ぶ範囲を測定するために、被験者の目の前にS、K、O、E、4、R、T、2、H、Pのように文字と数字を次々と映し出す方法がある。多くの人は、この文字や数字の羅列を眺めながら、最初の数字である4が現れた時にはこれに気づくが、以後は次第に注意力が落ちていく。だが、広い範囲にしっかり目配りする人は、二つ目の数字にも気づく。

リーダーが広範囲に注意を向ける能力を鍛えるには、不自然なこともしなくてはならない。常時とは言わないが、少なくとも時折は、管理せずにいよう、自分の意見を述べずにいよう、他者を評価するのを控えよう、という意志を持つのである。意識的に何かをするというよりも、態度や姿勢を少し変えてみるのだ。

これを実行する方法として、ポジティブ思考のよく知られた効果を使うのも一つの手である。私たちは悲観的になると関心が閉ざされる一方、楽観的でいると関心が広がり、予期しない新鮮なものを受け入れる姿勢が強まる。気持ちを前向きにするシンプルなやり方として、「人生のすべてが理想通りに展開したら、一〇年後には自分は何をしているだろう」と考えるとよい。

なぜこれが効果的かというと、ウィスコンシン大学教授で神経科学を専門とするリチャード・デイビッドソンが発見したように、気分が上向いていると、脳の左側の前頭前野が活性化するからである。この部位の神経回路は、長年の目標を達成したらどれほど嬉しいか、私たちに思い起こさせる働きをする。心理学者でケース・ウェスタン・リザーブ大学教授のリチャード・ボヤツィスは、こう述べている。

「前向きな目標や夢について語ると、脳中枢が活性化して私たちは新しい可能性に目覚める。（中略）ところが、悪いところを改めるにはどうすべきかなどという話題に切り替えると、可能性が見えなくなる。生き残るには悲観的な見方が必要だが、成功するには楽観的な発想が求められる」

自制心を培う

認知制御に関わるテストを始めよう。各行の真ん中の矢印は左右どちらを向いているだろうか。

エリクセンのフランカー課題と呼ばれるこのテストは、気を逸らすものにどれだけ影響されやすいか、その程度を測るものである。実験環境においては、被験者が真ん中の矢印の向きを把握するのにかかる時間を一〇〇〇分の一秒単位まで計測できる。認知制御が得意であればあるほど、その人は余計なものに気を取られずに済む。

認知制御力を高める手段は「鬼ごっこ」や「だるまさんが転んだ」のような素朴な遊びでもよい。何らかの合図に従って行動を止める練習になるものなら、何でもかまわない。椅子取りゲームを得意とする子どもほど、認知制御を司る前頭葉の神経回路がよく発達する、という研究結

→→→←←

→←←←←

→→←→→

1. The Focused Leader

果もある。

同じくシンプルな原則に基づく手法に、全米で学童の認知制御力を高めるために用いられているSEL（Social and Emotional Learning：社会性と情動の学習）がある。やっかいな問題に直面して戸惑ったら信号機を思い浮かべるように、と子どもたちに教えるのだ。信号の赤は立ち止まって落ち着きよく考えてから行動するように、黄はスピードを落として解決案をいくつか考えるように、青は計画を試しに実行してうまくいくかどうかを確かめるように、という意味である。このような発想をすると、扁桃体が喚起する衝動に従うのではなく、前頭前皮質の機能をもとに熟考したうえで行動するようになる。

成人してからでも、この神経回路を強化するのは遅くはない。マインドフルネス技法を毎日実践するのも同様の効果がある。マインドフルネス技法では、呼吸に注意を集中し、自分の考えや感情に押し流されるのではなく、むしろそれらを追いかける。気が散ったと感じたらそのたびに呼吸に注意を戻す。簡単だと思うだろうが、試しに一〇分間やってみると学習効果に気づくだろう。

FOCUS

2

EIはストレスを減らし、集中力を高める

カンディ・ウィーンズ
Kandi Wiens

"Break the Cycle of Stress and Distraction by Using Your Emotional Intelligence,"
HBR.org, December 21, 2017.

長期的ストレスが脳に与える有害な影響

集中力は成功するための役に立つ。(注1) 自分に向き合い、直感や価値観との調和をもたらしてくれる集中であれ、外に向き合い、世界の道案内をしてくれる集中であれ、注意を研ぎ澄ますことができるというのは価値ある資質である。

しかし、集中力と注意力は頻繁に乗っ取られ、私たちはいつも気が散り、大事なことを忘れ、物事に集中することができずにいる。私はエグゼクティブたちのコーチをしているが、集中力を失った時に彼らが口にするのは、次のような言葉だ（私自身も同じようなことをぼやいているかもしれない）。

「押しつぶされそうだ」

「仕事量が半端じゃない。一日中会議があって、待ったなしの問題の連続だ。とてもじゃないが仕事を片づける余裕がない」

「いつもプレッシャーがあるし、しょっちゅう何かが気になるし、メンタル的に疲れ果ててしまう。何かに集中できる状態からはほど遠い」

集中を妨げる原因としては、気を散らせる刺激がひっきりなしに襲ってくることや、とにかく時間が足りないということが挙げられるが、ストレスも大きな原因となっている。(注2)

慢性的なストレスは、重要な認知機能を阻害するコルチゾールやアドレナリンを神経系に放出する。(注3)ストレスが集中力や記憶力、その他の認知機能に及ぼす悪影響については、何十年も研究が続けられている。

短期的なストレスは、コルチゾール（いわゆるストレスホルモン）のレベルを引き上げてアドレナリンを増加させ、意欲を高め、たとえば、近づいてきた締切に間に合うように仕事の効率を上げるといった効果を発揮する。(注4)

しかし長期的なストレスは、コルチゾールを持続的に増加させて脳に有害な影響を及ぼす。コルチゾールが長期にわたって高レベルで推移すると、アルツハイマー病やその他のタイプの認知症を引き起こす要因になることが疑われている。(注5)

さまざまな刺激のせいで気が散り、集中できないでいると、自分は生産的ではないという気がしてストレスを覚え、そのことがさらに集中力を阻害するという悪循環が生じる。残念なことに、ほとんどの人は、完全に押しつぶされてしまうまで、自分の集中力が弱まっていることに気がつかない。メンタルや感情が疲れると、集中力や注意力、記憶力はさらに低下する。

幸いなことに、この悪循環を克服する方法がある。私の研究では、ストレスに押しつぶされて燃え尽きる人と燃え尽きない人がいるのは、ＥＩ（感情的知性）を使ってストレスを管理できているかどうかという、コンピテンシーの違いであることが判明している。(注6)

あなたも、自身のストレスを管理するためのコンピテンシー——特に自己認識と自己管理の効果が大きい——を使って、集中力を向上させることができるし、その方法もある。

まずは自分をよく観察し、以下のようなことをあらかじめ把握しておくとよい。

何にストレスや不安を感じるか

ストレスに対処したければ、まずその原因を知る必要がある。そのために、ストレスの原因になっていると思われることを書き出そう。そんな単純なこと、と思うかもしれないが、これが役に立つ。暮らしや仕事の面で不安に思っていることを書き出して、自分で何とかできることと、どうしようもないことに分けてみよう。後者のストレッサー（ストレス要因）については、受け止め方をどう変えるべきかを考えるとよい。(注7)

どういうふうに気持ちが変化して集中できなくなるか

臨床心理学者のマイケル・リプソンによると、そもそも集中力がどういう経路をたどって途切れてしまうのかを理解することによって、集中力を研ぎ澄ますことができる。(注8) 集中力が弱まるパターンに陥らないように気をつけていれば、気を散らせるものを遠ざけて、本来自分に備わっている注意力のレベルを保つことができる。

集中できない時、どんな気分になるか

あなたは、大事な時に必要なことを思い出せないと、不安を覚えるだろうか。たとえば、採用面接、重要なプレゼンテーション、大切なクライアントとの打ち合わせなど。あるいは、大事なメールを書いていて適切な言葉が見つからないような時、緊張したり、放心状態になったりしないだろうか。

集中できない時にどんな気分になるかを把握しておけば、自分が思う以上にストレスを感じている時にそのことに気づかせてくれ、集中できないことがさらなるストレスをもたらすことを警戒するための、手がかりになることがある。

どんな状況の時に集中力を失うか

たとえば、大勢の子どもを車に乗せ、高速道路を時速一〇〇キロで運転している時に、くよくよ考え事をしていたら、自分と子どもたちをきわめて危険な状態に置くことになる。どんな時に集中力を失うかがわかっていれば、考えるのは大事なことが終わってからにしろという注意信号が発せられ、いましていることに意識を引き戻してくれる。

以上のような方法で自分自身に対する認識を深め、ストレスの原因は何か、いつどんな時に集中力が失われるのかがわかったら、次に、集中力をよりよく保つための実践を始めたい。次に挙げる方法のなかから、自分の自己管理能力にふさわしいものを選ぶとよいだろう。

デジタルデトックスをする(注9)

米国心理学会（APA）が二〇一七年に行った「ストレス・イン・アメリカ」の調査で、「常時チェッカー」――メール、テキスト（ショートメッセージ）、ソーシャルメディアを絶えずチェックしている人――は、そうでない人よりストレスを強く感じていることが判明した。(注10)

常時チェッカーの四二％がソーシャルメディアでの政治的・文化的議論がストレスになっていると答えたのに対し、それ以外の人は三三％にとどまった。

コミュニケーション・テクノロジーを完全に遮断することは不可能に思えるが、たまにアクセスを遮断したり制限したりするデジタルデトックスは、精神衛生にとって望ましいとＡＰＡは報告している。

脳を休める

過去の出来事を思い出したり、将来についての恐れや不安に襲われたりして、眠れない夜を過ごした経験のある人は多いだろう。しかし、そんな夜が続くと、睡眠不足の影響で集中力が阻害され、情報を取り入れたり思い出したりすることが難しくなる。(注11)周囲で起きていることを理解する力や判断力も影響を受ける。(注12)

睡眠不足は意思決定にも悪影響を及ぼす可能性がある。状況を正確に評価し、それに応じて計画を立て、適切に行動する能力が損なわれるからである。ストレスを感じながら大量の仕事に追われている人は、毎晩七時間も八時間も眠るのは無理だと思うかもしれないが、もしそれ

ができたら得られる見返りは大きい。(注13)

マインドフルネスを実践する

マインドフルネスに効果があることは研究結果によって明らかになっている。マインドフルネスを実践すれば、浅はかな結論に飛びついたり、反射的な行動をしたりして後悔する（それはストレスの原因にもなる）といったことが少なくなる。(注14)

神経科学者リチャード・デイビッドソンは、「脳の前頭頭頂部が、注意力を全身にめぐらせる神経ネットワークを司っていることはよく知られているが、マインドフルネスはその働きを強化させる」(注15)と言っている。言い換えれば、マインドフルネスはストレス疲れから素早く回復させてくれる、感情的レジリエンス（再起力）のカギなのである。

何もヨガの行者になるわけではないので、マインドフルネスを難しく考える必要はない。一般の人が使える簡単な実践方法はたくさんある。(注16)

集中力を他者に向ける

自分の心配事や不安にばかりとらわれると、気にかけるべき人に向けなければならない注意が、どこかに漏れてしまう。私を含め、いくつかの研究によれば、集中力を他者に向ければ心が静まり、レジリエンス（再起力）が高まる生理学的効果がもたらされることがわかっている。[注17]

他の人の気持ちやニーズにもっと注意を向け、関心を示せば、ストレスを感じずにいることができる。それだけでなく、気にかけている人のために自分は意味のあることをしていると思うことができ、それがプラスの効果をもたらしてもくれる。[注18]

＊　＊　＊

集中できない時、ほとんどの人はもっと集中しようと頑張ってしまう。しかし、それは逆効果に終わることが多い。[注19] 頑張って集中しようとするのではなく、まずストレスの原因と集中力の阻害要因に意識を向けよう。その次に、集中力と自己認識力に作用する脳の働きを改善するために、できることをすべきである。

カンディ・ウィーンズ（Kandi Wiens）

ペンシルバニア大学教育大学院ファカルティ・メンバー、ペンCLOエグゼクティブ・ドクトラル・プログラム、およびペン・マスターズ・イン・メディカル・エデュケーション・プログラムに所属。またエグゼクティブコーチ、全米で講演するパブリックスピーカー、組織変革コンサルタントでもある。

3

なぜ人は集中できないのか

マイケル・リプソン
Michael Lipson

"To Improve Your Focus, Notice How You Lose It,"

HBR.ORG, November 04, 2015.

集中力の混乱には特定の構造がある

誰もがこんな体験をしたことがあるだろう。仕事に集中したいのに、つい窓の外を眺めてしまったり、夕食のことを考えたり、ゴルフのショットを反省したり、恋人のことを思い出したりしてしまう。第1四半期の戦略を考えていたはずなのに、いつの間にかビーチリゾートで過ごす休暇のことで頭がいっぱいになっている。

集中力や注意力は、お約束のように途切れ、脱線する。だがそれは、支離滅裂な混乱ではなく、特定の構造を有する混乱だ。集中力を高める方法を知るためには、まずこの「集中力混乱の構造」を理解することから始めなくてはならない。そもそも集中力は、どのように途切れ、対象に向けられた注意はどのようにさまよい出ていくのかを知る必要がある。

過去二〇年、臨床心理学者である私は、ワークショップや瞑想グループなどでさまざまな職業や立場の人に、集中力が乱れる時の自分の内面を見つめ、混乱の構造を把握するよう教えてきた。

終末期ケアの臨床医たちにとっては、それを理解することは、死にゆく患者のニーズと、それに対する自分自身の感情の反応を区別するのに役立った。家族にとっては、怒りを捨てて家族の絆を強めるのに役立った。

また、ビジネスリーダーにとっては、事業戦略上の目標を明確にし、会社の内でも外でも、厳しくても必要な決断をする勇気を養うのに役立った。そして、ゴルフプレーヤーにとっては、スイングに注意を払い、ボールを注視するのにさえ役立った。

人は集中することに昔から苦労してきた

集中力が失われる構造が理解できたら、次は知恵の再形成だ。人間が自分には精神があることに気づき、同時に、集中しようとしても集中し続けられないことに気づいた時から行ってきた作業である。

学者でありイノベーターでもあるキャシー・デイビッドソンが指摘するように、集中を妨げる困った存在は、何も携帯電話に始まったわけではない。(注1)ギリシャ神話では、ヘラクレスはアトラスの注意を逸らさせ、彼をだまして集中力と自由を奪った。ホメロスはその作中で、キルケ（魔女）の魅力でオデュッセウスに旅を忘れさせた。これは、性的活動による意識散漫の最初の例でも最後の例でもないはずだ。

プラトンが記録したソクラテスは、最後の対話で、心は普通は細断されており、哲学の目的は散らばろうとする力に抗して、心を「集め」て集中させることだと説明している。そしてシェイクスピアは、たとえば『ハムレット』のクラウディウスの独白で、集中力を欠いてさまよう心の状態を描いている。プラトンを含め、ほとんどの著者は、集中力の欠如について不平を鳴らすだけでなく、そのマイナス面に対処する方法を暗黙的または明示的に指摘している。

瞑想の伝統では、ゴータマ・ブッダから現代のアンディ・プディクーム（瞑想アプリを開発したヘッドスペースの指導者）までの誰もが、集中力欠如に対処するための主な方法は、まずそのことを認めること、つまり、解釈抜きにそれに気づくことだと言っている。(注2) まず注意散漫になった自分の心の状態に気づき、自分の心を取り戻すのだ。

集中力は四つのステップをたどる

私が使っている集中力強化のための方法は、そうした異なる伝統からの知恵を集めて要約したものだ。それはまず、何かに集中しようとする時、その集中力は次の四つのステップをたどることを知ることから始まる。

ステップ①集中する対象を選択する

あらゆるものが対象となりうる。職場では、何らかの仕事に集中することが求められる。たとえば、重要な会議に誰を参加させるかを決める作業に集中するといったことだ。

ステップ②対象に向けた注意がさまよい始める

遅かれ早かれ、その対象に向けた集中は、いつか必ずさまよい始める。それはあなたの意図ではないし、あなたの失敗のせいでもない。それはただ起こる（それが意図したものなら、集中力の喪失ではなく、別の対象への集中ということになる）。

ステップ③心がさまよっていることに気づく

そしていずれ、あなたは心がさまよっているという事実に気づく。集中力の喪失に気づくわけである。最初に集中したいと思っていたものから、どれほど離れてしまったかを実感する。

これも、あらかじめ計画したり、選択したりすることはできない。

ステップ④最初の対象に集中し直す

心がさまよっていることに気づくと、最初に集中の対象として選んだものに注意を向け直そうとする。会議に誰を呼ぶか、再度、意識を集中させて検討することになる。あるいは、何か他の対象を選び直すこともありうる。それはあなた次第、あなたの選択次第だ。

ステップ④で元の対象に意識を向け直すと、もう一度、この四段階のプロセスが始まり、そしてまた、あなたの心は再びさまよい始める。

意識的な選択、無意識的な選択

これら四段階をよく見ると、ステップ①とステップ④は意識的な選択であることがわかる。ステップ②とステップ③は無意識のもので、この二つはただ起こる。

ステップ②であなたの心が「さまよい出る」時に働いている無意識の力は、集中しようとする意識に敵対しているように見える。ステップ③で集中が途切れていることに気づいた時に働く力は、集中を特に助けてくれるものではないが、あなたに自由をもたらしてくれる。なぜなら、テーマからさまよい出た事実に気づかせてくれたうえで、元の集中に戻るか戻らないかは、あなたの自由な選択に委ねてくれるからである。

この四段階が繰り返し起こることに気づくだけで、パターンが変化していく。まったく同じことを反復するのではなく、少しずつ変わっていくのだ。最初は、ただこれら四段階が起こっていることに気づくだけかもしれない。だが、それに注意を向け続けていると、長く集中できるようになる。

たとえば、注意が散漫になった時も、さほど遠くにさまよい出ることがなくなり、時間もそれほど経たないうちに気づくようになる。気づいた後も、そこであきらめてしまうのではなく、もう一度、元のテーマに戻ることを選ぶことが増えてくるのである。

まとめると、こういうことだ。まずテーマ、つまり集中する対象を選ぶ。自分の目標達成に役立つことを対象にするのがよい。それは人事上の決定かもしれないし、戦略上の決定かもしれないし、マネジメントの問題かもしれない。ともかくそれがステップ①の集中だ。できるだけ明確に、かつ創造的に考えること。

やがて、あなたの注意はさまよい始める。しかし、注意が散漫になっていることに気づくこと自体が、そして集中力をさまたげる構造に気づくこと自体が、あなたの集中力を維持する能力と、集中を妨げる要因を寄せつけない能力とを徐々に高めてくれるのである。

マイケル・リプソン（Michael Lipson）
臨床心理学者。元コロンビア大学医学大学院臨床准教授。著書に*Stairway of Surprise: Six Steps to a Creative Life*（未訳）がある。

Harvard Business Review Emotional Intelligence FOCUS

4

仕事に集中できない時はどうすればよいか

エイミー・ギャロ
Amy Gallo

"What to Do When You're Feeling Distracted at Work,"
HBR.ORG, December 20, 2017.

誰もが集中できなくて困っている

自分の身の回りを見ても世界のニュースを見ても、あまりにも多くのことが起こっていて、やるべき仕事に集中できないことがあるのではないだろうか。机に向かっていても気が散る時、どうすればよいのだろう。どうすれば集中力と生産性を取り戻せるのだろう。

ほとんどの人が、気が散って仕事が進まないことに苦労しているとスーザン・デイビッドは言う。ハーバード・マクリーン・コーチング研究所の創立者で、『ＥＡ ハーバード流こころのマネジメント』(注1)の著者だ。私たちはニュースアラートやメール、その他の中断によって絶えず集中を妨げられている。

今日はよく働いたと思える日であっても、同僚の仕事ぶりや態度に対処しなくてはならない。「私たちは、他人のちょっとした行動や感情を敏感にキャッチしている」とデイビッドは言う。(注2)「そうなると、集中力が低下する可能性がある」と指摘するのはリッチ・フェルナンデスだ。マインドフルネスとＥＩ（感情的知性）のトレーニングを提供する非営利団体サーチ・インサイド・ユアセルフ・リーダーシップ研究所のＣＥＯだ。人間の脳は実際にそのように配線されていると彼は言う。「すべての人間に共通していることの一つは、非生産的なストレスを感じる方向へと向かわせる基本的な神経回路が、体内に張りめぐらされているということです」と説明する。

気が散って集中できない状態から脱し、集中力を回復するには、次のような方法がある。

集中力を妨げる外部からの影響の危険性を理解する

まずは、携帯電話やツイッターなど、身の回りにあって気を散らされるものの影響を理解しよう。フェルナンデスは、人間の脳には集中を維持することに関連する神経回路があると説明する。(注3) デフォルト・モード・ネットワーク(DMN)は過去のことを分析し、将来のことを予測したり計画したりするほか、自分自身と他者の状態をキャッチするために働いている。「起きている時間の少なくとも半分は、私たちの神経はこのモードになっています」と彼は言う。しかし、心を集中させる必要がある時、私たちはその対象に意識を向かわせるダイレクト・アテンション・ネットワークを活性化させる。これにより、別のことを頭のなかでもてあそんだりせず、仕事に集中することができる。

ところが集中を妨げるものがやってくると、それが何であれ、脳はDMNに戻ってしまい、そこから再び集中力を取り戻そうとすると、かなりの認知エネルギーが必要になる。(注4)「失われる前と同レベルの集中力を取り戻すには一〇〜一八分かかるという研究結果もある」とフェルナンデスは言う。(注5)これが中断を減らすことが重要な理由だ。

自分の感情をまず認め、振り回されないようにする

状況に押しつぶされそうになると、欲求不満や怒り、不安などの多くの感情が生まれ、生産性がさらに低下する。「悪循環のサイクルを止める必要がある」とデイビッドは言う。「主体的に行動しているという感覚を取り戻す」ために、「世界や職場で起こっている出来事に振り回されない」ために、自分の感情を意識化し、それに疑問を投げかけるのだ。(注6)

たとえば、「私は怒りを感じている。それは認める。でも、そのことに責任があるのは何だろう。怒りなのか、怒りを感じている私という人間か」といった内省を行うのである。

フェルナンデスもこの方法の有効性を認めている。「自分のなかにたしかにその感情があることを認めるのはよいことです。その感情は正当だし、重要です。でも、それに流されてし

まってはいけません」

注意力を取り戻す

何かに対する不安のせいで集中できない時は、「一時停止して自分を見つめ、不安のために神経が刺激されていることに気づいてください」とフェルナンデスは言う。「次に、注意のスポットライトを向ける先を切り替えます」

言うは易く行うは難しだが、私たちが不安を感じる時、その対象は「即時の実存的な脅威ではない」ことを思い出すことが効果的だ。脳の論理的な部分を働かせるには、「たとえば呼吸など、身近にあって直感的に把握できるもの」に意識を集中するのがよい。「私はこのツイッターのスレッドに注意力を奪われた。いまから自分の呼吸に意識を向け、自分を不安にさせているものから離れる」と宣言するのだ。(注7)

これは集中力の低下を無視することではないとフェルナンデスは言う。「それを抑え込む必要はありません。それを意識化し、認め、メンタルの一時停止スポットに止めておいて、後で考えることにするのです。他の誰かと話す時、仕事をしていいな時、やることがあまりない時に考えればよいのです」

自分の価値観を思い出す

注意力を取り戻したら、何に集中するか選ぶことができる。デイビッドは、自分が価値を置く物事に集中することで、コントロールの感覚が得られると言う。

「押しつぶされそうになると、パワーと選択肢を奪い取られるように感じるでしょう」と彼女は言う。「それでもあなたは、自分がなりたい人になることを選ぶことができます。あなたが大切にしているのが、人と力を合わせて働くことなら、それに集中してください。どうすればみんながチームとしての一体感を感じられるかを考えてください」

そして、集中力の欠如があなたの自己感覚にどのように影響するかを考える。「フェアであることがあなたにとって重要である場合、あなたの注意散漫は公平さを保つ能力にどんな悪影響を与えているでしょうか？　フェイスブックに一日三時間使っていたら、それはあなたの仕事仲間や家族に対してフェアな行動と言えるでしょうか？」

ここまではOK、これ以上はNOという境界線を引く

自分の気を散らすものが何かがわかったら、自分のためにルールを設定しよう。朝、ニュースをチェックすると心が騒ぎ、オフィスに着いた時に集中力が弱まるというのであれば、昼休みまで世界の出来事を追いかけるのはやめておこう。(注8) あるいは、ここまで仕事を終わらせないうちはフェイスブックにアクセスしないと決めてもよいだろう。自制心が弱い人なら、特定のサイトにアクセスできる時間を制御できるアプリをブラウザやスマホにインストールするという方法もある。

集中力を高めるには練習も必要だ。「集中力にも強度や質の違いがありますが、その違いをもたらすのは鍛錬であることを示唆する多くの研究があります」とフェルナンデスは指摘する。(注9) たとえばバスケットボールの選手なら、フリースローが一〇回成功するまでやめないと決めて練習するような方法が考えられる。

話をする相手を賢く選ぶ

人間の行動が社会的に伝染するというのは、確かな事実だ。「エレベーターに乗ったらみん

ながスマホを見ていて、自分もついスマホを見たという経験は誰にでもあるでしょう」とデイビッドは言う。彼女は、飛行機で隣の席の人がキャンディを買うと、たとえその人を知らなくても、似たものを買う可能性が三〇％高まることを明らかにした最近の調査にも言及している。(注10)

生産性についても同じことが言える。(注11) 仕事中いつも上の空という同僚や、仕事と関係ないことを話しかけてあなたの集中を妨げる同僚がいたら、彼らと接する時間を減らしてみよう。失礼にならずに、それをする方法はある。たとえば、「その話、後で聞かせてくれる？　この報告を書き終わったら一休みするから」というような言い方をすればよい。

集中するために同僚と助け合う

集中していない同僚を遠ざけるのではなく、集中できるように励まし合うこともできる。同僚と協定を結ぶのだ。時間を決めて、その間は互いに話しかけたり、SNSやスラックにアクセスしたりせずに仕事に集中すると決める。『ハーバード・ビジネス・レビュー』の編集チームは、この私のアイデアをポッドキャストで知ると、木曜日の午後は中断のない集中的な作業時間にしましょうと言ってきた。(注12)

この助け合いをさらに一歩進め、能動的に互いをサポートすることもできる。「あなたの仲間はあなたと同じ塹壕《ざんごう》に入って戦っているのです。同じ文化と組織にいるので関係を築くことができます」とフェルナンデスは言う。「同僚とコーヒーを飲みに出かけ、助言、励まし、指導を求めてください」

同僚は、あなたが思いもよらないような方法を知っているかもしれない。自分のここを変えると互いに約束し、進捗状況を定期的に確認し合う。他の人に決意を宣言しておくと、やり通せる可能性が高まる。(注13)

身体をいたわろう

ぐったり疲れていたら、傷つきやすくなり、押しつぶされそうになる、とデイビッドは言う。だから十分に睡眠を取り、適度な運動をすることが重要だ。彼女は幸福感を高める「身の回りの小さな改善」も推奨している。(注14)休憩を取り、ヘルシーなランチを食べ、スマホ断ちをしよう。「ランチタイムにいつもフェイスブックを見ている人は、スマホを引き出しに入れて散歩に出かけましょう」

基本的な心得

やるべきこと：

・呼吸に意識を集中し、不安やフラストレーションに無条件で反応してしまう神経回路を沈静化させる。

・自分は同僚として、あるいはリーダーとして、どのような行動をしたいかを考え、その自己イメージにふさわしい行動を心がける。

・ＳＮＳへのアクセスやメールチェックに時間の上限などのルールを決める。

やってはいけないこと：

・集中力の低下を認めないこと。自分の集中力は損なわれていないと自分をごまかさないこと。集中力の低下は認知コストを高める。

・気が散っている人と一緒に過ごす。そういう人といると、あなたの集中力も損なわれる可能性が高い。

・セルフケアを怠る。休憩を取り、健康的な食事をし、しっかり睡眠を取ろう。

ケーススタディ1：集中する時間をスケジューリングする

金融サービス会社の副社長であるエミリー・リンは、この一年、仕事に追われていた。プライベートコーチングも行っていたうえに、昇進して責任範囲が広がり、集中を妨げる用件も増えた。「メール、インスタントメッセージ、電話の件数が増えました。オフィスに訪ねてくる人も増えました」とリンは言う。

仕事を終わらせるのに苦労した。「インスタントメッセージやメールの到着を知らせるアラートがポップアップ表示されると、対応しなくてはならない。読んだり返事を書いたりするのにたとえ数秒しかかからなかったとしても、それまでやっていたことから意識が離れてしまいます」と彼女は言う。そのことが彼女の気分に影響を与えていた。「メッセージのなかにはストレスを感じるものもあって、私は同僚に対して気が短くなってしまいました」

集中力低下を防ぐための一つの方法として、彼女はSNSの利用を制限することにした。「フェイスブックを見てもいい時間を決めました。会議の合間の一〇分間の休憩とか、ランチタイムの外出の際にエレベーターが来るのを待っている時などです。こうしたスケジュールを身体にしみ込ませたら、その後は、仕事中にSNSをチェックする衝動を抑えるのがかなり簡単になりました」と彼女は振り返る。

仕事上の集中妨害要因にもそれと似た対応をした。重要な仕事を終えてからでないと、メールを読むことも返事を書くこともしないと心に決めた。「週の初めに、『今週中に終わらせなくてはならない大事な仕事は何か』と自問します。毎日『今日、私が絶対にやらなければならないことは何か』を確認します」

それが仕事に集中すべき時間を見極めるのに役立った。その時間を、二時間ごとのまとまりに分けて一日のスケジュールに書き込んでしまう。「その二時間はメールをオフにし、インスタントメッセンジャーの通知をオフにします」。自分はいまは忙しいということを訪問者にわかってもらうために、ヘッドフォンを装着さえした。

集中する時間は二時間が適切だと彼女は考えている。二時間あればタスクに深く関わることができるし、それ以上になると「連絡できないことによる業務上の弊害が大きくなるので。二時間の区切りが終わると再び電話に出て、メールのチェックを行います」。さらに、このやり方は適度な切迫感を与えてくれる。「決めたことを二時間で終わらせようとすると、アドレナリンが出るんです」

リンはこのアプローチはうまくいったと言う。「それは私の生産性に顕著な影響を与えました」。ストレスもそれほど感じなくなった。「一日中メールをチェックしているわけではないので、血圧も上がりっぱなしではない。集中を妨げられた時でも、以前よりずっと忍耐強くなりました」

しっかり睡眠を取ることが集中力を高めるのに役立ったということもリンは指摘する。数年前、彼女は一晩に三、四時間しか寝ていなかったが、睡眠スケジュールを大幅に見直して、現在は毎晩六時間半〜七時間寝るようになった。

「以前はプレッシャーに押しつぶされそうで集中できませんでしたが、いまはクリアな頭で考えられるようになりました」と彼女は言う。「よく休めば幅広い視野で物事を考えられるんです。すぐに返信しなければならないメールばかりではないことも適切に判断できるようになりました」

いまではコーチングしている相手に睡眠の効果を熱心に説く「睡眠の伝道者」である。

ケーススタディ2：妨害要因をシャットアウトするための境界線を引く

国際的な人道主義団体の人事マネジャーであるサラ・テイラー（仮名）は、二〇一六年の米国大統領選挙の前後数カ月、仕事に集中できずに苦労した。選挙関連のニュースが頭から離れなかったからだ。

「ニューヨーク・タイムズ、ワシントン・ポスト、CNNなど、さまざまなサイトでニュースをチェックし続けました。夜だけならまだしも、一日で数時間は費やしていたと思います」

集中できなかったために仕事が終わらず、追いつこうと夜遅くまで、そして週末も働いた。

「十分な休息を得られなかったので悲惨でした。毎日悪いニュースに接していたことの悪影響は言うまでもありません」

よくないことと自覚してはいたが、ニュースをチェックする時間をなかなか制限することができなかった。

そこで彼女はステイ・フォーカスドについて調べた。選択した特定のウェブサイトの閲覧時間を制限してくれるブラウザの機能拡張アプリだ。利用者のレビューをチェックしたら、似た状況の人が役立ったと書き込んでいたので、自分も試してみることにした。「悪い習慣を断つ方法を必死に探していたんです。自分の意志の力だけでは、どうしてもできなかったので」

彼女は、ニューヨーク・タイムズ、ワシントン・ポスト、CNNに一日一〇分の制限を設けた。その制限を超えると、「仕事しなくて大丈夫?」というメッセージがポップアップ表示される。「情けないことに、まだブロックしていないBBCなどのサイトをのぞいたりしてしまいましたけどね」

彼女が自分に課したルールは他にもある。自宅で仕事をする時、すべてのデバイスを仕事部屋の外に出すというものだ。いまでも世の中で起こっていることは一応フォローしているが、「大事な仕事に深刻な遅れを生じさせるほどの危険はなくなりました」と境界線を引くことの効果を話してくれた。

エイミー・ギャロ(Amy Gallo)
『ハーバード・ビジネス・レビュー』(HBR)寄稿編集者。*HBR Guide to Dealing with Conflict at Work*(未訳)の著者。職場環境の力学について執筆し、講演している。

5

どうしてもやる気が出ない時、自分を動かす三つの方法

ハイディ・グラント
Heidi Grant

"How to Make Yourself Work When You Just Don't Want To,"

HBR.ORG, February 14, 2014.

どの作戦を選ぶかは、やる気の出ない理由によって異なる

ずっと後回しにしてきたプロジェクトの、期限がいよいよ迫っていて気が気ではない。それから、絶対に返事の電話をしなくてはならないクライアントがいる――どうせ苦情を聞かされるばかりで、貴重な時間がつぶれるだけなのに。待てよ、そういえば今年は、ジムに行く回数を増やそうと決めたはずではなかったか。

やらなければいけないのに、どうしてもやる気が出ない。そんな時、何らかの方法で自分を動かせたら、罪の意識やストレス、失望感をどれほど減らせることだろう。もちろん満足感も高まり、もっと有能にもなれるはずだ。正しい作戦を取れば、物事を先延ばしにする癖を改善できる。どの作戦を選ぶかは、そもそもの理由によって異なる。

理由①：失敗に終わることを恐れ、先延ばしにしている

解決策：「予防焦点」を持つ

あらゆる活動は、その目的を二つの観点から捉えることができる。一方は、「現在よりもよ

い状態になる」こと、つまり、成功や達成によって何かを獲得することが目的とされる。「このプロジェクトを成功させれば、上司に感心してもらえる」、「定期的に運動すれば、かっこいい身体になれる」といった考え方だ。

心理学者はこれを「促進焦点」と呼ぶ。研究によれば、促進焦点を持っている時の人間は「利得を得る」という考えによって動機付けされており、「熱意」と「楽観的な気持ち」を持って取り組む時に最高のパフォーマンスを示す。

これこそ望ましいだろうか。いや、もしあなたが「失敗に終わること」を恐れているのなら、促進焦点は適していない。不安や疑念があると促進焦点がうまく働かなくなり、結局は何の行動も起こせない場合が多いのだ。

あなたに必要なのは、不安がマイナスに作用しない考え方、むしろ不安によって効果が高まるような考え方だ。向上や成功ではなく「予防」に焦点を合わせる時、人は活動の目的を「すでに手に入れたものを失わない」こと、つまり損失を防ぐことと見なす。

この「予防焦点」を持つ人にとって、プロジェクトを完遂する目的は「上司を怒らせないこと」「自分の評価を下げないこと」などだ。定期的に運動するのは、「怠惰に身を任せるのを防ぐ」ためである。

長年にわたる研究の結果、（注1）うまくいかないことへの不安は、実際に予防の動機を高めることが示されている。損失を防ぐことに焦点を合わせると、危険を避けるにはただちに行動するしかないことが明らかになる。不安が大きいほど、危険から一刻も早く逃れようとする。

不安に基づいて行動を起こすというのは、あまり楽しい話ではないかもしれない。あなたが通常は促進焦点型であれば、特にそうだろう。しかし、失敗への不安を乗り越えるためには、何もしなかった場合の悲惨な結末について真剣に考える以外によい方法はないと思われる。さあ、そのひどい光景を想像して縮み上がろう。怖いけれど、効き目はある。

理由②：気分が乗らないから、先延ばしにしている

解決策：そのような気分は邪魔なので、無視する

『ガーディアン』紙の記者オリバー・バークマンは、名著『解毒剤　ポジティブ思考を妄信するあなたの「脳」へ』（注2）でこう指摘している。私たちは「どうしても早起きができない」「どうしてもエクササイズができない」などという場合、その本当の意味はたいてい「そうする気分にならない」ということだ。

事実、朝あなたがベッドから起き出すのを押さえつける者はいない。恐ろしげな用心棒がジムの入り口に立ちふさがっているわけでもない。物理的に邪魔するものは何もなく、単に気分が乗らないだけである。バークマンはこう問いかける。「何かを始めようという時、その気になるまで始めてはいけないという決まりはあるだろうか？」

ちょっと考えてみてほしい。私たちはいつの間にか、無意識のうちにこんな考えを抱いてしまっている――「モチベーションを高めて優れたパフォーマンスを上げるには、その行動をしたいという気分になる必要がある」。情熱的に取り組むべし、というわけだ。

なぜ私たちがそう考えるようになったのか、まるで見当がつかない。それは一〇〇％間違いだからだ。たしかに、ある程度は決意を持って臨む必要はある。「プロジェクトの完成を見届けたい」「もっと健康になりたい」「一日を早くに始めたい」などの気持ちだ。しかし何も、「気分が乗る」必要はないのだ。

むしろ、バークマンが指摘するように、数多くの作品群や実績を残しているアーティストや作家、イノベーターは、仕事をルーチン化している。どんなに気分が乗らなくても（たとえ二日酔いでも)、毎日何時間かを必ず作業に充てるよう自分に課しているのだ。

バークマンは、著名なアーティストであるチャック・クローズの言葉を引用している。「インスピレーションが必要なのはアマチュアです。私たちプロは、ただ仕事場に行って仕事をするだけです」。だから、気分が乗らないという理由で、座ったまま何かを先延ばしにしているなら、こう思ってほしい。気分など必要ない、あなたを止めるものは何もないのだ。

理由③：きつい、つまらない、不愉快などと感じるために、先延ばしにしている

解決策：「条件づけによる計画」を使う

この場合、私たちは往々にして問題を意志力だけで解決しようとする。「この次こそ、頑張ってもっと早めに始めよう」というように。言うまでもなく、もしその意志力を持っているのなら、そもそも先延ばしになどしていない。研究によれば、人間はしばしば自己コントロール力を過大評価し、災難を避けるために意志の力に頼りすぎる場合が多い。

そこで、自分をもっと寛大に受け止め、意志力には限界があるという事実を受け入れよう。難しいことや退屈なこと、不愉快なことを実行に移すという難題に、意志の力で立ち向かえるとは限らないと理解するのだ。その代わりに、「条件づけによる計画」（if-then planning）を使ってみよう。

条件づけによる計画は、物事を完遂するために必要なステップを具体的に決めるだけではない。それぞれのステップを「いつ」「どこで」行うかも決めておくのだ。

「午後二時になったらやっていることを中断して、ボブに頼まれたレポートに取りかかろう」

「以前に申し出た昇給について、上司が会議中に触れなかったら、会議終了前に再度話題に上げよう」

やるべきことを厳密に、いつ、どこでするのかを前もって決めておけば、その時になってあれこれ迷う必要がなくなる。「本当にいま、これをしなくてはならないのか」「もう少し待ってもいいんじゃないか」「別のことをやったほうがいいかも」などと逡巡しないで済む。

私たちが迷うのは、難しい判断をするために意志力が必要になった時である。そして条件づけによる計画は、意志力にかかる負担を大幅に減らしてくれる。決断の時がやってくるずっと前に、適切な判断がなされているからだ。事実、この方法を使うと、目標達成の確率と生産性が平均で二〇〇〜三〇〇%も向上することが、二〇〇件を超える研究で明らかになっている。

＊　＊　＊

以上、三つの作戦――①何もしなかった場合の悲惨な結末を考える、②『スター・トレック』のミスター・スポックのように、気分や感情を無視する、③厳密に計画する――を紹介した。いずれも、「自分の情熱に従おう」「いつもポジティブに」といったアドバイスに比べると地味で、おもしろみに欠ける。しかし、どれも実際に有効であるという明白なメリットがある。そしてこれらの作戦を活かせば、あなた自身も有能な人物になれるに違いない。

ハイディ・グラント（Heidi Grant）
心理学者。ニューロリーダーシップ・インスティテュート シニアサイエンティスト。コロンビア大学ビジネススクール　モチベーション・サイエンス・センター　共同ディレクター。著書に『だれもわかってくれない』（早川書房）がある。

6

生産性向上テクニック嫌いの人のための生産性向上テクニック

モニク・バルコア
Monique Valcour

"Productivity Tips for People Who Hate Productivity Tips,"

HBR.ORG, December 06, 2017.

万人に有効なツールはないが、役に立つ方法はある

「集中力を維持するための一般的なテクニックは、私には効果がない」「生産性を高める方法はいろいろ知っているが、使うつもりはない」。コーチングしているクライアントたちから、このようなコメントを何度も聞かされる。

多くの人が生産性を向上させる方法について記事や本を読んでおり、なかにはそのためのトレーニングを受けた人さえいるが、それでも集中力を維持することは困難な戦いだ。集中力を維持する方法について多くのことを知っている人が、なぜ集中力を維持するのに苦労するのだろう。私が経験を通じて特定したいくつかの理由と、読者が集中力をコントロールするのに役立つ方法を紹介しよう。

他の人が好んで使っている生産性向上テクニックは自分にも効果があるはずだと考えると、フラストレーションと挫折感に襲われる。友だちや本の著者は、それぞれ自分がよいと思う方法を熱心に勧めるので、適切に実行さえすれば失敗するはずがないと思えるかもしれない。しかし、それが本物とは言えないもの、思考や行動を制約するようなものだったりすると、合わ

ない人がいても不思議ではない。それでも何とかうまく機能させようとすると落とし穴にはまり、無駄な努力を繰り返しながら、集中力不足の自分を責めることになりかねない。

私がコーチングをしているクライアントのなかには、時間の使い方を構造化するツールを好まない人がいる。スプレッドシート、プランナー、カレンダー、「こうなったらこうする」というルール設定、タイマーなど、広く使われているツールや手法を使いたがらない。

その多くは、仕事の質を重視し、フローの状態に入ることに喜びを見出し、もっと創造的になりたいと願うタイプの人で、機械的な方法には息苦しさを感じるようだ。そういうタイプの人は、仕事をしている時に自分のなかで何が起こっているのかに注意を払い、その観察結果を踏まえて方法を選べば効果が上がる。

挫折感があるなら、自分をコントロールして前に進むために有効な方法が二つある。まず、自分の現状を受け入れ、自分自身に共感することだ。「全然仕事が進まない。なんてことだ」と素直に認め、その気づきに抗ったり、自分を責めたりしない。そうすることで、妨害要因の力を弱める効果がある。自分の強みに意識を向け、困難に打ち勝った過去の経験を思い出し、自分には問題解決能力があることを確認し、自分自身を共感を持って扱うことが大切だ。

次に、自己観察と実験によって前進する。私はクライアントに、一日のさまざまな時点で、いまやっている仕事に対してどんな感じを抱いているかを確認し、仕事から得る経験の質の改善に努めることを勧めている。

その際、柔軟な態度が役に立つ。ある方法で効果が感じられないなら、無駄な努力をするのはやめて、別の方法を試そう。ずっと机に向かっているとフラストレーションが高まるなら、数時間、外で仕事をするか、コーヒーショップに行けばよい。コンピュータの画面を見続けていると目がしょぼしょぼしてくるなら、紙に打ち出すとか、音声認識ツールを使えばよい。

もしかしたら、あなたは午前中にその仕事を終わらせようと決意しているのかもしれない。でも、仕事がはかどらなくてイライラしているなら、やるべきことは、席を離れてレストランに向かい、おいしいランチを食べて、午後から改めて頑張ることではないだろうか。

身体の声を聴く

身体の状態を観察し、心と身体のつながりに働きかけることも、仕事の仕方を変えるカギだ。

たとえば、私は一日に数回、椅子から立ち上がり、ストレッチをする必要があることを学んだ。

肩凝りや尻の圧迫感がひどくなったら、立ち上がってストレッチをすべきサインだ。猫背になったり、顎にこわばりを感じたら、窓のそばに行って外を眺めたり、外に出て深呼吸をする。

また、ほぼ毎日軽い運動をするようにしているが、運動はストレッチや深呼吸と違って注意力を散漫にするので、就業時間の終わり頃、または、さほど注意力を必要としない作業の前に行うようにしている。身体の声を聴くことは、集中力を最適に保つための重要なヒントを与えてくれる。

結果志向とプロセス志向

いつまでにこの仕事を終わらせるという計画を立て、その実現を追いかけるのが好きな人がいる。一方、最終的なアウトプットではなく、プロセスに焦点を当てるほうが仕事に集中できるという人も多い。

たとえば、私のクライアントであるノラは、その日の主な目標を「プロジェクトを終わらせる」という形で設定していたが、期待したほど早く仕事が進まない場合、時間が経つにつれてストレスが強まり、退社時刻になっても終わらなければガックリしていた。そんなノラだったが、目標を「プロジェクトに取り組む」とか「プロジェクトを進める」といった表現に変え、進行状況を測る指標として個別のタスクや小さなマイルストーンを設定したところ、はるかに気持ちよく仕事ができるようになった。

下り坂発進のすすめ

集中し続けることは苦しいことばかりではない。簡単ではないかもしれないが、集中力をコントロールできれば自信も増すし、達成感もある。有意義な仕事を前進させているという手応えがあれば、満足できるし、元気も出る。その意味で、無理なく進行できるワークフローを設計することは理にかなっている。

ミネソタ大学のテレサ・グローム教授は、仕事を「下り坂発進」できるように整理することを勧めている。(注1) 下り坂に車を停めれば、ブレーキから足を離すだけで発進できる。仕事もそれと同じだ。では、どうすればよいか。たとえば、新しいタスクに着手する前にデスクを片づけよう。退社時に、明日やるべき優先事項を紙に書いて貼っておこう。

もしかしたら、あなたは仕事上、大きな絵を思い描くのは得意でも、細かいことが苦手なタイプかもしれない。ビッグアイデアを実現させるには、管理可能なタスクを切り出して実行する必要がある。「いまやるべき小さなステップは何か」と自問してみよう。

私の場合、書きたい記事のアイデアを思いついても、それを具体的なアクションに変換しなければ、インスピレーションが消滅してしまうことがある。なので、何はともあれ数分かけて大まかなアウトラインを作成することにしている（最初の確実な前進）。時間があれば、より広く深いアウトラインに発展させることもできる（さらなる前進）。アウトラインを書くのは、実際に原稿を書くよりもはるかに速くできる簡単な作業だが、やり終えると気持ちがよく、執筆の次の段階を促す具体的な一歩となる。

最初から大きな仕事を完成させるためのインスピレーションを期待してもうまくいかない。実際、それは生産性向上にブレーキをかけるようなものだ。効果があるのは、小さな一歩を踏み出す方法を見つけ、それができた時の満足感を味わいながら進めていくことだ。

自主的な締切と現実的な締切

ある人には有効な生産性向上のテクニックでも、あなたにはわざとらしく感じられることもある。そういうテクニックは、おそらくあなたの役には立たない。

たとえば、自分で締切を決め、それを追いかけることで生産性を高められる人がいる。しかし、掛け値なしの締切でなければ本気になれない人もいる。実際に意味があり、他の人に影響が及び、終わらなければ困った事態になるような締切が必要なタイプの人だ。そういう人の場合は、さほど根拠のない理由で自分や他人が設定した締切では集中力が湧かない。

私自身のことを言えば、何月何日の何時から聴衆の前でこれこれの話をする、というのが本当の締切で、それがあれば集中することは難しくないし、喜んでもらえる話をする自信もある。しかし、講演の二週間前にスライドを完成させるという自主的な締切は、カレンダーに書き込んでも関係者に宣言しても、あまり集中力を高めてはくれない。

コアバリューに立ち返って集中する

どんな生産性向上テクニックを使おうと、仕事そのものが有意義と感じられなければ意欲を高めることはできない。強く持続する集中力を得るために、自分が大切にしているコアバリューの観点から、やるべき仕事をとらえ直してみることをおすすめしたい。

たとえば、クライアント企業の従業員たちとのインタビューの日程を決める必要があるとする。日時を調整するためのメールのやりとりや、全体のスケジュール管理は、そこだけを見れば面倒な雑用のように思えるが、人々が成長し繁栄するための大切な対話の機会を提供するための仕事だと考えれば、意味も魅力も感じられる仕事になる。

気を散らせる誘惑に対処する方法

集中しようと頑張っても、注意を散漫にさせるさまざまな誘惑に負けてしまう人がいる。それに対抗する賢い方法は、屈することで生じるコストについて考えることだ。

集中することをあきらめて注意散漫な状態に身をゆだねてしまうと、一時的な快感は得られても、しばらくすると後悔や無能感に襲われる。逆に、集中して仕事を進めることができれば、自己肯定的な満足感が高まり、仕事をマスターしているという手応えを感じられる。

妨害に屈しそうになったら、次のように自問しよう。「いま私は何にノーと言うべきなのか」。インターネットの誘惑に負けることは、本当にやりたいことのために使える時間をゴミ箱に捨てるようなものだと気づけば、もう一度集中力を取り戻すことができるだろう。

最後に、集中力は動的なものであり、維持するには努力し続ける必要があることを受け入れよう。レーザー光線のような一点集中を実現してくれる魔法のツールはない。
残念ながら無意味な気晴らしに時間を費やしてしまった時は、自責の念にかられるのではなく、共感の心で自分を観察することだ。一日の終わりに、その日理想的な集中力を保てたかどうかに関係なく、少し時間を取って、今日達成したことを書き留め、明日、目標達成に向けて下り坂発進できるように準備をしよう。

モニク・バルコア(Monique Valcour)
エグゼクティブコーチ、基調講演者、経営学教授。実績ある充実した職業、キャリア、職場、人生の創造とその維持を追求するクライアントに助言を提供している。

7

仕事にエネルギーを集中させる五つの方法

エイミー・ジェン・ス
Amy Jen Su

"5 Ways to Focus Your Energy During a Work Crunch,"

HBR.ORG, September 22, 2017.

集中力を保ち、エネルギーレベルを管理するには

仕事の量は常に増減を繰り返す。ペースも負荷も自分でコントロールできるような安定期と、プレッシャーで押しつぶされそうになるピーク期の間を行き来する。予期せぬ後退や突然の加速といった攪乱要因もあれば、楽しいはずの休暇や休日でさえ混乱と緊張の原因になることがある。

仕事でアップアップの状態になっている時ほど、集中力を保ち、エネルギーレベルを管理することが重要になる。次に、仕事の波に圧倒されそうになった時、集中力を保ち、エネルギーを生産的に使うために使える方法をいくつか紹介する。

状況を受け入れる

緊急事態が到来すると、ついその事実を否定し、たいしたことはないと抵抗したくなる。先月と同じであってほしい、休暇中のようなペースを保ちたい、と私たちは願う。だが、いまここに身を置かず、現実から逃避することで私たちはエネルギーを消耗する。

実際、物理学者は「抵抗」を「物質またはデバイスが電流の流れを妨げ、エネルギーを散逸させる過程」と定義している。仕事でも、現実に起こっていることに抵抗すればするほど、多くのエネルギーが失われてしまう。

「受け入れる」というのは、譲歩するとか降参するという意味ではない。(注1) そうではなく、現実の状況を認めることで、それに対処するための明確な行動を取ることができるようになるということだ。

自分の感情を観察し、それに名前をつける

激しい仕事の増加で動揺している時は、状況を受け入れることは難しい。私にはこなせそうもない、やり遂げる自信がない、家も仕事も混乱している、といった否定的な考えにとらわれがちだ。ニューロ・リーダーシップ研究所のディレクターであるデイビッド・ロックは、著書『最高の脳で働く方法』(注2) のなかで「ラベリング」という認知上のテクニックを紹介している。自分の感情を抑制したり否定したりするのではなく、感情を観察して名前をつけることが有効だというのだ。

「成功している経営者は、大脳の辺縁系（喜怒哀楽などの感情や食欲・性欲などの本能を司る）の覚醒度が高い状態にあっても、落ち着いて判断し行動することができる」とロックは言う。「それは感情にラベルをつける能力と言ってもよい」

苦手な仕事をすることになったり、追い込まれていると感じたりした時は、ロックのアドバイスに従い、一歩下がって、思考と感情の状態を観察し、それを言い表す言葉を探そう。たとえば「プレッシャー」「罪悪感」「不安」といった言葉だ。そんな単語を一つか二つ見つけるだけで、ロックの研究が示すように、辺縁系が支配する闘争か逃走かという動物的本能が後退し、思考力や判断力に関与する脳の前頭前野が活性化されるのである。

選択肢を手放さない、被害者意識に陥らない

状況を受け入れ、感情にラベルをつけることは、大量の仕事に伴う不安を軽減するのに役立つ。ピッツバーグ大学の研究が示すように、不安は認知機能、特に健全な判断を下す脳の領域に影響を与えるので、不安を軽減することはとても重要だ。(注3)

他に選択肢はないという考えや、自分ではコントロールできないといった被害者意識に陥っ

てはならない。そうならないように、優先順位を見極め、取捨選択し、できればセルフケアを組み込むことにも注意を払おう。たとえば、次のようなことを自問してみるとよい。

- 今日、どうしてもやらなければならないミッション・クリティカルな仕事を一つか二つ挙げるとしたら、それは何か。
- 自分に充電するためにできることは何か（たとえば、今週は一日だけでも早くベッドに入る、仕事中にお気に入りの音楽を聴く、飛行機で昼寝をする、といったことだ）。
- この期間中、誰に対し、あるいは何に対し、「ノー」と言って断る必要があるか。

同僚や親しい人とコミュニケーションする

大量の仕事や障害に翻弄されている時は、周りの人のせいでエネルギーを奪われることがある（逆にエネルギーをもらうケースもあるが）。落ち着いて、期限を再交渉したり、境界線（この時間は話しかけたり頼み事をしないでほしいという規制線）を引いたり、助けを求めることを検討してみよう。

①期限を再交渉する：同僚と一緒に仕事を見直し、本当は何をいつまでに終わらせることが必要なのかを明確にしよう。また、期限に間に合わないことが予想される場合は、関係者に新しい納期を知らせるか、締切を再交渉する必要がある。状況を伝え、できることとできないことを正直に伝えることで、誠実さを保つことが重要だ。

②境界線を引く：時間やエネルギーの使い方に関する境界線やガードは人によって異なるし、仕事の量やスケジュールによっても変わる。仕事でもプライベートでも、いつならば時間が取れるかを周囲の人に知らせ、あなたがタイトな状況にあることに配慮してもらえるようにしよう。

③すべて自分で抱え込まず、助けを求める：他人の手を煩わせず、何でも自分でこなせることに誇りを持っている人が多い。それは素晴らしい態度だが、助けを求めることが必要な場合もある。同僚や家族にもっと助けを求めよう。プロジェクトの責任を自分だけで抱え込むのではなく、人に任せたり、チームで取り組むようにしよう。

セルフ・コンパッション：自分をいたわり、自分を思いやる

大量の仕事や難局に直面した時、つらいのは、つい自分を責めてしまうことだ。とりわけ、仕事でも家庭生活でも自分なりの理想に到達していないと思える時は、自分を責める思いが強くなる。

『幸せな気分で働く方法』（未訳）の著者で、ＥＩ（感情的知性）に関する共著もあるアニー・マッキーは、自分を思いやることの大切さを次のように語っている。

「ストレスに本当に対処したいなら、ヒーローになろうとすることをやめ、自分をいたわり、自分を大切にしてください」（注4）

仕事の負荷の急激な高まりによるストレスにつぶされそうになった時、真に自分を思いやるためには、状況を受け入れ、感情を否定したり抑え込んだりせずに観察し、ラベルをつけて客観化しよう。自分には対応方法を選んで仕事をこなす能力があるという感覚を保とう。同僚や愛する人とコミュニケーションを取り、必要な時に助けを求めよう。そうすれば、次に仕事の嵐に見舞われた時、落ち着いて対処することができるだろう。

エイミー・ジェン・ス（Amy Jen Su）
エグゼクティブのコーチングとリーダーシップ育成を手がける、パラヴィス・パートナーズ共同創業者兼マネージング・ディレクター。著書に *The Leader You Want to Be*（未訳）などがある。

7. 5 Ways to Focus Your Energy During a Work Crunch

8

時間よりも注意力を管理せよ

モーラ・トーマス
Maura Thomas

"Your Team's Time Management Problem Might Be a Focus Problem,"

HBR.ORG, February 27, 2017.

必要なのは時間ではなく、注意力のマネジメント

マネジャーはしばしば「私のチームには時間管理の問題がある」と言う。上司は部下が重要なプロジェクトをなかなか前に進めてくれないと愚痴をこぼし、部下たちは忙しく動き回ってストレスを感じている、というような事態が頻繁に生じている。

そんな困った状況を時間管理で解消しようと考えて、彼らは私を雇う。仕事に優先順位をつけ、スケジュール管理を上手に行うためのヒントやテクニックを教え、指導してほしいというわけだ。

しかし、やり始めてすぐに判明するのは、問題の根本原因は時間管理ではなく、アテンション（注意力）のマネジメントだということだ。そして、それは従業員のスキル不足のせいではなく、シニアリーダーたちによって知らず知らずのうちに強化された（少なくとも容認された）広範な組織文化によって引き起こされている問題だということである。(注1)

仕事への集中を妨げる撹乱要因は、質の高い知識労働にとっての最大の障害の一つであり、米国経済に年間約一兆ドルの損失をもたらしている。(注2) これに対処する最初のステップは、この

組織文化上の問題を、重要な経営課題として扱うことだ。

集中力や生産性の低い職場には、次の四つの状況が見受けられる。私の経験から言えるのは、多くのリーダーはその弊害に気づいておらず、状況を黙認したり、場合によっては積極的に奨励したりしていることさえあるということだ。

顧客メールへの対応が集中力を妨げている

知識労働者が生み出すプロダクトとしては、創造性、アイデア、意思決定、情報、コミュニケーションが挙げられる。いずれも、長時間にわたって集中力を持続させる必要があるものばかりだ。

しかし多くの組織が、社内を行き交うあらゆるコミュニケーションに同レベルの緊急性を認め、内容やテーマやルートに関係なく、すべて受け取ったらすぐに応答することを期待する文化を根づかせてしまっている。

これは、顧客サービスの要請から生じている場合がある。経営トップが、顧客やクライアントからの連絡にはすべてタイムリーに応答することを義務づけているような場合だ。しかし、漠然と「タイムリー」と言っているために、応答は早ければ早いほどよい、リアルタイムがいちばんよい、というレベルまで極端化している。

届いたメッセージが顧客からのものなのか、それ以外の誰かからのものなのか、開いてみないとわからないので、従業員は常にすべてのメッセージに目を光らせていなければならない。そうなると、他のすべてのタスクは、メッセージの処理に要する三〇〜一二〇秒単位で断続的に妨げられる。

「後ほど返事をするということだけ伝えて、いまやっている仕事を続ける」というルールを決めたところで、メッセージを監視する必要は残るから問題は改善されない。この状況は、各自に二台目のPCモニターが与えられるとさらに悪化する。一つを使ってメールを開き、もう一つで仕事を続けるというものだが、それはまるで、集中力を散漫にすることを会社が公認するようなものだ。

この問題を解決するために、専任のカスタマーサービス担当者を配置することを検討しよう。受け身の業務に対応する専門職を置くということだ。それによって付加価値の高い社員を雑事から解放し、より重要な仕事に集中させるのである。

人的・予算的にその余裕がない場合は、四時間以内とか一営業日以内などといった現実的なタイミングを決めておき、メールを送ってきた顧客に対してその旨を自動返信するようにする。そこには、リアルタイムで応答が必要なクライアントのために、どこに電話をかければよいかを明示しておく。

それにしても、メールにすぐ返信しないと、顧客は本当に離れていくのだろうか。顧客からのメールへの対応のあり方を考える時、あなたの会社の社員が顧客と向き合って座っている場面を思い浮かべてみてはどうだろう。そんな状態で、あなたはその社員にメールをチェックしろとは言わないはずだ。

では、そこに顧客が座っていなかったとして、それでもその社員が行っている仕事が顧客のための仕事であれば、対面している顧客と同じ敬意と注意深さが必要となるはずだ。

だとすれば、社員には、入り続けるメールをチェックさせることなく、いまやっている仕事に集中してもらわなければならない。この方針には別の利点もあって、マルチタスキングによる効率低下も防いでくれることが研究によって明らかになっている。(注3)

コミュニケーション・ツールの使い分けのルールがない

メールは、緊急の案件やタイミングが重要な案件の通信には向いていない。その点ではインスタントメッセージが優れているが、これは現在、些細な案件から重大な案件まで、ありとあらゆる通信に使われてしまっている。

どのコミュニケーション・ツールもあらゆる状況で使用されているのが現実である以上、結局、届いた通信のすべてをチェックする以外に対応を切り分ける方法がない。これもまた注意散漫を招く原因になっている。

自動返信メールのシステムを導入することや、通常のメールの署名欄に、急ぎの対応を希望する顧客に連絡方法を伝える一行を付け加えるといった方法を検討しよう。社内のコミュニケーションにおいては、すぐに返事をしなくてもよいし、期待することもやめるというルールを徹底させるのがよい。

ミレニアル世代は、電話や対面でのコミュニケーションを避ける傾向があるが、センシティブな問題や緊急性のある内容の場合は、電話や対面コミュニケーションが向いている。社内のコミュニケーション・チャネルの使い方に関して、柔軟かつ具体的なガイドラインを作成し、徹底させよう。

顧客の話を聞く仕事と、解決する仕事を、同じ社員にさせている

顧客対応の専用窓口を設けても、顧客の話を聞く社員にその解決までさせようとすると問題が起こる。顧客からの連絡は途切れることなく入ってくるので、その担当者は休憩を取ることもできず、集中して問題解決に取り組むことができないからだ。

その対策としては、顧客対応スタッフの職務範囲と勤務スケジュールを整理して、彼らに電話やメールから離れて問題解決策をじっくり考える時間を持たせ、別の有意義な仕事もできるようにするのがよい。

別のやり方は、顧客の要望や苦情を聞いて、その対応をさせる担当者を指名する仕事に専念する「トリアージ」担当者を任命することだ。どちらの方法も、サポートスタッフに問題解決に集中できる機会がもたらされ、顧客の満足度が高まる。

スタッフメンバーが問題をじっくり考えられる環境があれば、システムの改善や、製品やポリシーの改善にとって大きな貢献をしてもらえる可能性が高い。優れた顧客サービスには、顧客にタイムリーに対応するだけでなく、問題を根本的に、注意深く、満足のいく方法で解決することも含まれることをスタッフに浸透させることが必要だ。

システム管理に休み時間がないことを理解していない

私が提供しているほぼすべてのトレーニング・セッションで、こんな場面に遭遇する。私が息抜きと休暇は知識労働者の成功にとって重要であるという考えを述べると、ＩＴ部門か別のシステム監視部門の責任者が、「システムトラブルに備える必要があるから、自分たちは絶対に持ち場を離れられない」と言ってくる。すると次に経営陣の誰かが、「そんな緊急事態はめったに起こらないから休んでも大丈夫だよ」と話に入ってくるという場面だ。

全然大丈夫ではない。なぜなら、緊急事態を即時に発見するモニタリングを続けなければならないからだ。「緊急」事態に二四時間三六五日対応するスタッフが任命されている場合、トラブルがあろうとなかろうと、「万一に備えて」監視する必要があるため、そのスタッフは基本的に休みを取ることができない。監視以外にも仕事がある。少々のことではあたふたしないと覚悟を決めたとしても、彼らの心は仕事から離れることはなく、彼らが本当にプラグを抜くことができる時間はない。

これに対処するには、組織内のすべての役割に、信頼できるバックアップ体制を整える必要がある。従業員のバックアップがなければ、その従業員が働き続けるとしても退職するとしても、会社はリスクを抱えることになる。その社員が業務上の一切の知識とともに会社を辞めてしまったら、会社がその喪失を回復するのに何年もかかる可能性がある。会社にとどまり続けた場合でも、高いストレスのせいで仕事の質が落ちるし、燃え尽きてしまう可能性も高い（一時的または継続的にその仕事ができる別の社員が必要になる）（注4）。

あなたがリーダーで、あなたの部下が「タイムマネジメント」に苦労しているようであれば、ここで論じたような問題があなたの組織に当てはまらないか調べていただきたい。もしかしたら、まず最初にやるべきことは、アテンション・マネジメントに関する社内文化の改革かもしれない。多くの従業員は時間と注意力のマネジメントに苦労しているが、根本的な文化の問題にリーダーが対処しない限り、どんな解決策も組織に定着することはない。

モーラ・トーマス（Maura Thomas）

受賞経験のある国際的な講演家。個人および法人向けに、生産性向上とアテンション・マネジメント、ワークライフバランスについて研修を行う。TEDxのスピーカーであり、リゲイン・ユア・タイムの創設者でもある。著書に*Personal Productivity Secrets*（未訳）などがある。『インク』誌では二〇一八年トップ・リーダーシップ・スピーカーの一人に選ばれた。

集中力をコントロールし、創造力を発揮する三つの方法

9

スリニ・ピレイ
Srini Pillay

"Your Brain Can Take Only So Much Focus,"
HBR.ORG,May 12, 2017.

デフォルト・モード・ネットワーク（DMN）回路を日常で働かせる

集中する能力は、卓越性への重要なけん引役である。ＴｏＤｏリストやタイムテーブル、カレンダーのリマインダー機能など、集中するためのテクニックはすべて、やるべき仕事に注力する助けになる。これに対する異論は、まずないだろう。

それに、気を逸らすものに抵抗し、目の前のことに集中することが有益だと裏づける科学的証拠がある。たとえば、一日に一〇分ずつマインドフルネス瞑想を行えば、リーダーシップを効率的に強化できる。感情をより巧みにコントロールできるようになるし、過去の経験から学べるようにもなるからだ。(注1) このように、集中力は非常に有益なのだが、実は、集中力には問題点もまたある。

その問題点とは、過度に集中すると脳内の集中回路が疲れ果ててしまうことだ。エネルギーを枯渇させ、自己制御できなくなる。(注2) エネルギーが枯渇すれば、より衝動的になり、人を助けようともしなくなる。(注3) その結果、いいかげんな判断を下すようになり、他者との協調性も低下する。

では、どうすればいいのだろう。集中するのか、それとも集中を解除したほうがいいのか。最近の研究によると、集中することと、集中を解くこと、そのどちらも重要である。脳が最適に機能するのは集中と集中解除を交互に行う時であり、そうすることで回復力が発達し、創造性は高まり、より優れた判断を下すこともできる。(注4)

集中を解いている時、人はデフォルト・モード・ネットワーク(Default Mode Network)と呼ばれる脳回路を使っている。その略称はDMN、かつては別名「ほとんど何もしない」(Do Mostly Nothing)回路と呼ばれていた。なぜなら、意識的に集中するのをやめた場合にのみ働く回路だったからである。

しかし、この回路は「休息中」であるにもかかわらず、身体のエネルギーの二〇%を使用している(これと比較して、意識的に集中する努力をしている時に消費するエネルギーはわずか五%と少ない)。(注5)

DMNがこれだけのエネルギーを要するのは、脳が「休息中」どころか水面下で活発に働いている証拠だ。DMNは、脳の意識下のレベルで古い記憶を掘り起こし、過去・現在・未来の間を行き来し、さまざまなアイデアを再結合させる。(注6) それまでアクセスできなかったこの新し

いデータを使って、自己認識を強化し、自らの存在意義の感覚を発達させる。(注7)

そして、創造的なソリューションを考え出したり、未来を予測したりできるようになり、これが優れた意思決定につながるのである。(注8)またDMNは、他者の思考への同調にも役立ち、チームとしての理解や一体感を高めてくれる。(注9)

このDMN回路を日常のなかで働かせる、簡単で効果的な方法がいくつかある。

肯定的・建設的空想(PCD)を使う

PCD(Positive Constructive Daydreaming)は一種の自由な瞑想であり、単なる夢想や、罪悪感とともに過去の悩みを掘り返すこととはまったく異なるものだ。(注10)これを日常習慣として意識的に取り入れれば、創造性を高め、リーダーシップを強化し、脳に活力を取り戻すことができる。

PCDを始めるにはまず、編み物や園芸、気楽な読書といった静かでささやかな活動を選び、自分の心の奥底へとさまようのである。(注11)ただし、単に夢想や罪悪感・不快感を伴う空想をするのではなく、何か楽しいこと、心から望むことを想像してみるとよい。たとえば、森のなかを走り抜けたり、ヨットの上に寝そべったりすることである。そのイメージを保ち、静かな活動を続けたままで、注意を外界から心の内部へと移していく。

米国の心理学者であるジェローム・シンガーが何十年も研究してきたPCDは、DMNを作動させ、比喩的に言えば、脳が情報を見つける際の「食器」を変える効果がある。(注12)

集中時の注意力は、フォークのようなものだ。脳内の明瞭かつ意識的な思考を一つずつ拾い上げる。これに対して、PCDは別の食器セットを使う。まず、スプーンであなたのアイデンティティを構成している美味な混合物をすくい（祖母のにおい、さわやかな秋の日に食べたアップルパイの最初の一口の満足感など）、箸で脳全体に散らばるさまざまなアイデアをつなぎ（これでイノベーション力が強化される）、さらに、細いスプーンでアイデンティティの重要な一部である、長く忘れていた記憶を脳の隅から引き出してくる。(注13)

この状態において、「自己」の感覚が強化される。まさに、米国の経営学者ウォーレン・ベニスの言うところの「リーダーシップの本質」である。(注14)

私はこれを、「心理的重心」と呼んでいる。脳の敏捷性を高め、チェンジ・マネジメントを効果的に行えるようにする基本的メカニズム（思考力の「筋肉」の一部）である。(注15)

昼寝をする

リーダーは、ＰＣＤの時間を取ることに加え、公認の昼寝の時間を検討してもよい。昼寝なら何でも同じというわけではない。脳がスランプ状態にあると、明晰さや創造性が低下する。一〇分間の昼寝をすると、脳がずっと明晰になり、注意力も上がるという研究結果がある。(注16)目の前にあるタスクがクリエイティブなものである場合は、脳を完全にリフレッシュさせるため、たっぷり一時間半は寝る必要があるだろう。(注17)人間の脳がより多くの連想をし、記憶ネットワークの隅っこにあるアイデアを掘り起こすには、これだけの時間が必要となる。

別人になりきる

創造的なプロセスに行き詰まった時も、まったく違う人格になりきるという方法で集中力を解くことが突破口となる。

二〇一六年、教育心理学者のデニス・デュマスとケビン・ダンバーは、創造的な問題を解決したい時には、変わり者の詩人のように振る舞うほうが、規則を重んじる司書のように振る舞うより成功しやすいことを発見した。(注18)「ある物体（たとえば一個のレンガ）について可能な限り多くの用途を考えよ」という問題に対して、変わり者の詩人のように振る舞う人たちのほうが、創造的なパフォーマンス結果がよかったのである。この効果は、同じ人が別人の真似をした場合にも現れた。

創造的な行き詰まりを感じた時には、ぜひ一度、別の人格になりきってみてほしい。自分の頭のなかという枠を飛び出し、別の人の観点からものを考えられるはずだ。私はこれを「心理的ハロウィーン主義」と呼んでいる。(注19)

長年にわたり、集中力は、あらゆる能力のうちで最も尊重されてきた。やるべき仕事から注意を逸らしてしまう時間が、起きている時間の四六・九%にも及ぶため、人は、仕事に注意を向け続ける能力があれば、と切望している。(注20)

そこで、PCDや一〇分または一時間半の昼寝、心理的ハロウィーンといった習慣を日常に取り入れれば、必要な時のために集中力を温存できるうえ、ずっと効率的に使えるようになるだろう。さらに重要なことに、集中を解いている時間によって脳内の情報を更新することができるため、精神の深い部分にアクセスし、また、思考の敏捷性、創造性、意思決定力を強化することができるのだ。

スリニ・ピレイ（Srini Pillay）

医学博士。ニューロビジネス・グループ上級コーチ兼CEO。公衆衛生とリーダーシップ開発の分野におけるテクノロジー・イノベーターにして起業家、受賞経験のある作家でもある。著書に *Tinker, Dabble, Doodle, Try: Unlock the Power of the Unfocused Mind*（未訳）がある。ハーバード・メディカル・スクールの特任助教授であり、ハーバード・ビジネススクールではエグゼクティブ教育プログラムの教鞭をとり、デューク・コーポレイト・エデュケーションで講座を持つ。国際的な著名シンクタンクのメンバーでもある。

Harvard Business Review Emotional Intelligence FOCUS

10

仕事の効率を飛躍的に向上させる習慣

デビッド・アレン
David Allen
トニー・シュワルツ
Tony Schwartz
ダニエル・マッギン
Daniel McGinn

"Being More Productive: An Interview with David Allen and Tony Schwartz by Daniel McGinn,"
HBR, May 2011.

集中と回復のバランスを図る

HBR（以下略）：お二人は『仕事を成し遂げる技術』[注1]（*Getting Things Done*：GTDの略称で知られるベストセラー）や『何事においても卓越する』[注2]（未訳）など数々の著書を出されていますね。ご自分の仕事をどのように定義していますか。

アレン：私は、個人や組織がより少ないインプットで生産性を大きく高める手助けをしています。集中力を高め、すべてがうまくコントロールされていると感じる一連のベストプラクティスと方法論を提案しています。

シュワルツ：私は、より少ない時間でより多くの仕事をこなし、かつこれを持続させるために、どのようにエネルギーを管理すればよいのかについて、個人や組織に教えています。そのためには新しい働き方が必要になります。つまり、集中を高める時間と適宜リフレッシュする時間をうまくバランスさせた働き方です。

──著書で解説されているテクニックの概要を教えていただけますか。

アレン：私が説明する概念は、「すっきりした空間の戦略的価値」というものです。

たとえば、来客のために夕食を料理するとして、いまが午後五時で来客は六時だとします。そのためには、必要な食材がすべて手元にあってほしいと思うでしょうし、必要な道具がそろっていてほしいと思うでしょう。台所もきちんと片づいていてほしいでしょう。つまり、工夫を凝らした夕食会を用意するための「自由」が必要なのです。

私は、素早く、かつ具体的な対策を講じることで、この自由を手に入れる方法を教えています。そのためにはまず、自分がやるべき仕事とプロジェクトの内容をもれなくリストに書き出し、「次に取るべき行動」に集中し、その行動がどのような種類のものか、すなわち、オフィスで行うのか、電話をするのか、コンピュータを使うのかといった手順を考えるのです。

自分を変える必要はありません。シンプルで効果的なテクニックが必要なだけです。

シュワルツ：私たちが焦点を当てているのは、最高のパフォーマンスを実現するために誰にとっても必要な、エネルギーに関する四つの基本要素です。

第一に「身体」。健康を維持するための運動、睡眠、栄養、休息が必要です。第二に「感情」。前向きな気持ちを育むことであり、リーダーならばこれを部下に伝えることです。第三に「精神」。一つのことだけに集中する能力を向上させ、同時に創造的な仕事に右脳を使うことを学習し、注意力をコントロールする力を身につけます。第四に「魂」。目的をはっきりさせることです。真に重要なことには、はるかに多くのエネルギーを傾けるからです。

これまで出会った経営幹部クラスのうち、自身や周囲のパフォーマンスを高めるには、これら四つの必要性を満たすことが不可欠であると理解している人は、ほとんどいませんでした。皆押しなべてよく仕事をこなしますが、その見返りとして与えられるのは、それまで以上の量の仕事です。こうして仕事は増え、やがて許容量を超えてしまう。メールやテキストメッセージ、その他の情報を処理しきれなくなってしまうのです。

ここで学ぶべきは、一歩退いて「私が本当にやりたいのは何なのか」と自問することです。正しい選択は何なのか、その選択によって支払う代償は何かを問うことです。

――お二人が教える行動基準について具体的に伺えますか。また、仕事は短距離走の繰り返しとして取り組むべきで、一日続くマラソンではないという理由は何でしょう。

シュワルツ：そもそも、人間はどのように活動すれば最高の状態に至るのかについて誤解されています。コンピュータは長時間続けて高速で複数のプログラムを同時に処理しますが、人間も同様にできると勘違いしている人が多い。

これはまったくの間違いです。人間にはリズムがあります。心臓は鼓動しているし、筋肉は収縮したり弛緩したりします。私たちは、エネルギーの消費と回復をリズミカルに繰り返している時に、最高の状態になるのです。

練習と休息をうまく組み合わせる運動選手のやり方を取り入れましょう。九〇分集中して働いた後は休憩を取り、エネルギーを回復させるよう私たちは奨励しています。また一日三回しっかり食事を取るより、数時間ごとに高エネルギーの食事を少量取ることを勧めています。

仮眠を取ると生産性が上がるのですが、多くの会社では難しいようです。とはいえ、一日中ぶっ通しで働いた人の生産性は、同じ能力の人が短時間集中的に働いた後に休憩によってエネルギーを回復し、また集中して働いた場合よりも低いのが実態です。

アレン：これは、仕事を的確に選ぶという問題でもあります。ピーター・F・ドラッカーは、知識労働者にとっていちばん難しいのは、職務範囲を明確にすることだと言っています。

一世紀前を振り返ると、世界の八〇％の人々は物をつくり移動させる仕事に携わっていました。働けるだけ長く働き、睡眠を取り、起きてまた働くといった具合です。優先度を決めたり、責任者として決断を下したりする必要はありませんでした。仕事がいっそう複雑になっている今日のほうが、生産性を高めるのは難しいと言えます。

頭脳はアイデアを考え出すためにある

――組織によっては不健康な働き方を奨励するような文化があり、それが生産性を抑制していると指摘されています。企業はなぜそのようなことをするのでしょうか。

シュワルツ：数年前にある一流投資銀行で講演した後、一人のパートナーが立ち上がって、次のように言ったのです。

「シュワルツさん、大変興味深いお話でしたが、私どもには入社希望者が何百人もいて、燃え尽きた社員に取って代わろうと待ち構えています。それなのに、どうして社員に回復する時間を与えることまで心配しなくてはならないのでしょう。燃え尽きてしまう社員がいたら、新しい人材を雇うだけです。大喜びで働いてくれるでしょう」

しかし知識労働では、社員が二年でつぶれたために雇い入れた新人よりも、三年、五年、さらには七年の経験を持った社員のほうがはるかに有用です。これはとても根深い問題であり、よく考えてみる必要があります。

社員たちを限界まで働かせ続け、絶えず高い成果を期待することはできません。今後何年かの間に真の競争優位を確立する企業は、社員から絞り取る一方ではなく、もっと社員のニーズを満たすことに力を注ぐように方向転換した企業でしょう。

――コンサルティングでまず目に入る、生産性を阻害している最たるものは何ですか。

アレン：気になった事柄を記録しないままでいることです。きちんと認識し具体化させていない。しかもそれは、組織や個人の意識のなかで堂々めぐりを続け、エネルギーを消耗させ、大きな心のわだかまりとなるのです。

「私がやります」と言っても、それをメモしません。そのままブラックホールに吸い込まれてしまうのです。一つくらいならかまわないでしょうが、何百もの事柄がそうなのです。そこで自分が果たすべきことは何か、すなわち、どのような成果を実現したいのか、それを進めるうえで次に必要なことは何かを、はっきりさせないままでいるのです。

頭はアイデアを考えるためのものであって、蓄積するためのものではありません。頭のなかにあるものをいったん外に出し、客観化することは重要なステップであり、著しい効果が期待できます。

――そうなると、やるべきことが膨大な数に上り、圧倒されてしまうのではありませんか。

アレン：私のリストを見た人は「ものすごくたくさんありますね」とあきれます。ですが、もしリスト化することに納得しないなら、スケジュール表を使うのもやめたほうがよいでしょう。頭ではその必要性をちゃんと理解していることに気づくべきです。

なぜスケジュール表を使うのでしょうか。それは、昔より物事が複雑になっているからです。創造的な仕事をするためのエネルギーを枯渇させるわけにはいきませんから、その管理を助けるシステムが必要なのです。

リストが必要となるのは、脳は記憶するのが苦手だからです。記憶というのは役立たずのコンピュータのようなもので、夜中の三時にあなたを目覚めさせ、布団のなかではどうにもならないことにイライラさせられる。堂々めぐりするだけで莫大なエネルギーが吸い取られてしまうのです。

シュワルツ：そこで必要なのは謙虚になることです。「一二ステップ・プログラム」（感情の問題を解決するための精神回復法）を実践しているアルコール依存症患者が、まず自分自身を制御できないと認めることで回復の道へ向かうのと似ています。ここで指しているのは、メールや情報に対する中毒です。

問題は、私たちの意志や自制心がきわめて過大視されていることです。私たちは、何かを変えるにはもっと頑張らなければいけないと考えます。たとえば、チョコチップクッキーを我慢し、朝早く起きてスポーツクラブに行くといった具合に。残念ながら、それではうまくいきません。

自分たちは習慣の動物であり、昨日と同じことを今日もするだろうと認識することは、私たちを謙虚な気持ちにさせます。知らず知らずのうちによくない習慣を形成してしまう行動を認識し、「前向きな習慣」と私たちが呼んでいる、意図的な行動に置き換えることです。

「次に取る行動」に集中する

——お互いの理論についてどのくらいご存じでしょうか。各々どれくらい実践していますか。

シュワルツ：以前からずっとリストをつくっていましたが、アレンさんの理論を知るまで、リストに書き出さなかった事柄によって気を散らされる可能性には気づきませんでした。ですから、いまはすべての事柄についてリストに書き上げています。

もう一つは、その日の最も重要な仕事はいつも朝一番にするということです。朝は休養が十分に取れていて、気が散ることも少ないですからね。

九〇％の人が午前中真っ先に片づける仕事は、メールのチェックです。ですが、そうすると、そもそも片づけようと考えていた仕事が、他の人がしてほしいと考える仕事にすり替わってしまいます。

メールをチェックするのは、それが簡単だからです。メールの返事を出していると、仕事を短時間で効率的に済ませている気になります。人から必要とされれば気分は悪くないもので、メールは自分が必要とされていることを再確認させてくれます。

人間には、生来二つの本能があります。痛みを避けることと、快楽に向かうことです。前者の本能があるから私たちは生き延びることができ、後者の本能があるから子孫を残すことができます。現在でも、私たちはこれら二つの本能に突き動かされています。そこで一歩引いて「ここではもっとよい選択肢があるはずだ」と自らに問いかけるには、脳の高次機能を使わなければなりません。

――シュワルツさんの理論は、アレンさんの仕事のやり方にどのような影響を与えましたか。

アレン：いちばん大きく影響されたのは、エネルギーサイクルについて語っていることです。実を言うと、私は職場に枕を持っていきました。私のオフィスはガラスで仕切られているので、他の人から私が床に寝そべって二〇分の仮眠を取る様子が見えます。シュワルツさんの言っていることをそのまま実践しているのです。

ただ、シュワルツさんのように、私も朝一番に最も面倒な仕事に取り組むように自己管理ができればよいのですが、それは無理なようです。

シュワルツ：それは規律がないからではなくて、習慣化していないのです。習慣化すれば、間違いなくできるはずですよ。その時々の気分に応じて何をするのか決めていては、多くの場合、うまくいきません。

心理学の見地からすると、異なる二つの自己が存在します。一つは、原始的（未発達）で、反応的（周囲の出来事に影響される）な自己です。もう一つは、より進化したもので、内省的

（熟慮する）です。前者の自己は、不愉快な事柄を回避しようとして、後者の自己を抑え込んだり、そこに影響を及ぼしたりすることを知っておく必要があります。気分が乗らなければやらないというのはだめです。

アレン：そのような問題に取り組む方法の一つに、大きな課題を分解して、小さな「次に取る行動」に集中するやり方があります。そのほうがやりやすいようです。

ＴｏＤｏリストをつくる時、ほとんどの人は「お母さん」といった曖昧な言葉を書き込みます。ですが、これでは役に立ちません。その実際の意味は、母親に誕生日のプレゼントを買おうか、買うなら何を買うのか、それをどうやって届けるのか、といった事柄をすべて決めることだとしましょう。となれば、その一言のメモにはたくさんの行動が伴うことが想定され、リストそのものを見たくなくなるかもしれません。

したがって、リストには，次に取るべき行動について具体的にメモすべきです。たとえば「お母さんの誕生日の件で、お姉さんに電話する」といった具合です。

「なるほど、これならできる。人は、何かをつくったり、やり遂げたりするのが好きだからね。

やる気になった。どうなればいいかはわかっているし、間違いなくやれるだろうし、そのための方法も承知している」というわけです。

GTDを実践し、このようにお膳立てすれば、やることがいろいろあっても考えるのは一度だけで済むようになります。

問題なのは、マルチタスクの人たちは例外なく、いちばん新しいことや目を引くことによって注意を逸らされてしまうことです。このような人がうまくいかないのは、記録、具体化、整理を怠っている、あるいは定期的に見直す仕組みがないからです。

シュワルツ：私の考えは少し違います。たとえば、自分がやらなければならない仕事をしている時にメールが来たとします。「パブロフの犬」のように、あの受信音を聞くと、放っておけなくなります。その結果、メールを開き、それまでやっていた仕事から注意が逸れ、これを元に戻すには時間がかかります。

研究によれば、たしかに時間をかけて訓練すると、一つの仕事から他の仕事に切り替えるのがうまくなるそうです。それでもなお、一度に一つだけのことをする場合と比べれば雲泥の差です。

アレン：この件について、もう一歩踏み込んでみましょう。メールの受信音が鳴ると気が散るのはなぜでしょうか。それは「受信トレイのメールを片づけるのは一日一回とする」などとは思っていないからです。ほとんどの人がとにかく目を通すことはします。しかし、返信はしません。ですから、まだ片づいていないことが気になり、そのせいで始終気が散るのです。

シュワルツ：次の質問に行く前に――インタビューを始めてからどれくらい経ちますか。

――一時間と二五分です。

シュワルツ：少し休みませんか。喉が渇いたし、集中力も一〇〇%を切ってきました。私の体内には九〇分のサイクルが組み込まれていて、「休憩時間がほしい」というサインを送ってくるのです。

一度にできるのは一つのことだけ

――（一〇分間の休憩後）社員の生産性を上げるためにリーダーが担っているのは、どのような役割でしょうか。

シュワルツ：リーダーは「チーフ・エネルギー・オフィサー」であるべきです。社員を動かし、集中させ、道筋を示し、やる気を出させ、定期的に休息を取らせる役割です。

アレン：上司が部下の仕事をきちんと管理していなければ、部下たちは、シュワルツさんがおっしゃっているようなことを処理できるはずがありません。

やるべき作業がはっきりしていない、プロジェクトの内容が十分示されていない、最終的に何を目標とすればよいのかわからない、作業の手順、アカウンタビリティ（説明責任）、担当する仕事の責任について、その割り振りが決まっていないなどは、リーダーがその仕事をなおざりにしているのです。

――組織が知識労働者の生産性を向上させる試みに失敗するのはなぜでしょうか。

アレン：皮肉なことに、私たちの理論に最も興味を持ち、それに忠実なのは、私たちのアドバイスを最も必要としていない人たちです。

理論を実践すれば、障害を排除することができます。では、どのような障害があるのか、最もよくわかっている人は誰でしょう。それは、トップクラスの人たちです。F1のレーシングチームは、何分の一あるいは何十分の一秒を縮めるために何百万ドルも使います。

同様に、理論を導入する企業の多くは、すでに成功しているところです。私たちが教える方法のほんの一つでも実践すれば、生産性は向上するはずです。この方法を試したけれどうまくいかず、大損害を被ったという例などありませんよ。

シュワルツ：正直に申し上げると、失敗したことがあります。私たちをコンサルタントとして雇い入れ、あるグループの人々と仕事をさせたものの、その人たちがやる気を起こさなかったというケースです。そのような会社はたいてい、とても保守的で硬直化しており、社員たちの不満が巣食っています。「サバイバルゾーン」というべき状態にありました。

アレン：そうですね。その意味では、教えたことが実践されなかったということですから、私も大失敗していると言えます。

シュワルツ：新し物好きの人たちばかりではありませんが、いますぐ理論を導入したいという企業はどんどん増えています。たとえば、ある金融機関は進歩的な組織ではありませんが、起業家精神にあふれています。高い成果を上げた人には高額な金銭的報酬が与えられるため、全員がスポーツ選手のように振る舞います。スポーツの世界では、一流選手になれば大金を得ることができるわけです。

伝統的な企業にも追随の動きが見られます。現実問題として、ほとんどの人がどうすればよいかわからなくなっているのです。

――一緒に働く企業について、何か方針はありますか。

シュワルツ：社会全体に付加価値を与えるような企業と一緒に働きたいですね。タバコ製造の生産性を上げる手伝いはしたくありません。

アレン：ジャンクフードのトゥインキーだったら、どうですか。

シュワルツ：どちらとも決めかねますね。私がトゥインキーを食べるのを知っている人もいますし。時々トゥインキーを食べたからといって、害にはならないでしょう。それにしても、食品メーカーは製品のパッケージやマーケティングにもう少し気を使ってほしいものです。

最近、似たような製品をつくっている別の大手食品会社にコンサルティングした際、容量の小さい製品を売るべきではないかと提案しました。そのほうが消費者の健康にいいからです。経営陣との話し合いの場でしたが、これまでそんなことを考えたことはなかったようでした。でも、この件を前向きに話し合っているのを見て、嬉しく思いました。

――企業にアイデアが本当に根づいたかどうか、どのようにわかるのでしょうか。

アレン：その原則が文化の一部となり、人々の共通言語になったことが、目に見えてわかる時です。すると、こんな会話が聞こえてくるでしょう。「次にやることは何ですか」「あなた方にやってほしいことが三つあります。考えてみましょうか」

そうすれば、社員はメモを取り始めるでしょう。会議で最初に解決し決定すべき点を明らかにするようになるでしょう。そのような習慣が企業文化に取り込まれていくのです。

――最後の質問です。お二人の理論から学ぶべきものを一つだけ挙げるとしたら何ですか。

シュワルツ：人間は根本的にエネルギーを内在した有機体であることを認識すべきです。エネルギーは、徐々に回復するか消散してしまうかのどちらかです。好むと好まざるとにかかわらず、社員たちのエネルギーを満タンにすることは組織の責任であると、気づくべきです。これは、今後一〇年あるいは二〇年において、どのような企業が成功するのかを決定づける変数の一つと言えます。

アレン：このように考えてみてください。私たちがここで座って話をしている間に、メールの受信トレイやボイスメールにはメッセージがたまっています。そのなかには、優先順位の変更を強いるような重要なものがあるかもしれません。

これらたまったメール等を処理する時、それまで行っていた仕事は私たちの注意を逸らして足を引っ張ることになるので、頭から追い出さなければなりません。そして、新たに優先して取り組むべき仕事に全力を注ぐのです。

一度に一つのことしかできません。また、資源には限りがあります。ですから、私たちと一緒に話していても大丈夫なのか、それとも、まだ手つかずの九〇〇〇件の仕事のことを考えて不安に感じるのか、そのどちらかです。誰であろうと、このような選択を賢く下すには、何らかのシステムが必要なのです。

デビッド・アレン（David Allen）
コンサルティング会社、デビッド・アレン社長。主な著書に『仕事を成し遂げる技術』（はまの出版）などがある。

トニー・シュワルツ（Tony Schwartz）
コンサルティング会社、ザ・エネルギー・プロジェクト社長兼ＣＥＯ。主な共著書に『成功と幸せのための４つのエネルギー管理術』（阪急コミュニケーションズ）などがある。

【聞き手】**ダニエル・マッギン**（Daniel McGinn）
『ハーバード・ビジネス・レビュー』（ＨＢＲ）シニアエディター。

10. Being More Productive: An Interview with David Allen and Tony Schwartz by Daniel McGinn

12) Jerome L. Singer, "Researching Imaginative Play and Adult Consciousness: Implications for Daily and Literary Creativity," *Psychology of Aesthetics, Creativity, and the Arts* 3, no. 4(2009): 190-199.
13) Jeroen J. A. ven Boxtel, Naotsugu Tsuchiya, and Christof Koch, "Consciousness and Attention: On Sufficiency and Necessity," *Frontiers in Psychology* (December 2010): 217; Christopher G. Davey, Jesus Pujol, and Ben J. Harrison, "Mapping the Self in the Brain's Default Mode Network," *Neuroimage* 132(May 2016): 390-397; Roger E. Beaty et al., "Creativity and the Default Network," 92-98; Carlo Sestieri et al., "Episodic Memory Retrieval, Parietal Cortex, and the Default Mode Network: Functional and Topical Analyses," *The Journal of Neuroscience* 31, no. 12(March 2011): 4407-4420.
14) Adi Ignatius, "Becoming a Leader, Becoming Yourself," *Harvard Business Review*, May 2015, 10.
15) Srini Pillay, *Tinker, Dabble, Doodle, Try: Unlock the Power of the Unfocused Mind*, New York: Ballantine Books,2017.（邦訳『ハーバード×脳科学でわかった究極の思考法』ダイヤモンド社）
16) Nicole Lovato and Leon Lack, "The Effects of Napping on Cognitive Functioning," *Progress in Brain Research* 185(2010): 155-166.
17) Denise J. Kai et al., "REM, Not Incubation, Improves Creativity by Priming Associative Networks," *PNAS* 106, no. 25(June 2009): 10130-10134.
18) Denise Dumas and Kevin N. Dunbar, "The Creative Stereotype Effect," *PLOS One* 11, no. 2(February 2016): e0142567.
19) 注15に同じ
20) Matthew A. Killingsworth and Daniel T. Gilbert, "A Wandering Mind Is an Unhappy Mind," *Science* 330, no. 6006(November 2010):932.

10. 仕事の効率を飛躍的に向上させる習慣
1) David Allen, *Getting Things Done*, Viking, 2001.（邦訳『仕事を成し遂げる技術』はまの出版）
2) Tony Schwartz, *Be Excellent at Anything*, Free Press, 2011.

A Pilot Study," *Journal of Health Organization and Management* 29, no. 7(2015):893-911; Megan Reitz and Michael Chaskalson, "Mindfulness Works, But Only If You Work at It,"HBR.ORG, November 4, 2016（邦訳「マインドフルネスで組織のリーダーシップを高める方法」『DIAMONDハーバード・ビジネス・レビュー』2019年12月号）; Rasmus Hougaard, Jacqueline Carter, and Gitte Dybkjaer,"Spending 10 Minutes a Day on Mindfulness Subtly Changes the Way You React to Everything,"HBR.ORG, January 18, 2017; Christina Congleton, Britta K. Hölzel, and Sara W. Lazar, "Mindfulness Can Literally Change Your Brain,"HBR.ORG, January 8, 2015.（邦訳「マインドフルネスは脳を健全に保つ」DHBR.net, 2015年6月12日）

2） Todd F. Heatherton and Dylan D. Wagner, "Cognitive Neuroscience of Self-Regulation Failure," *Trends in Cognitive Sciences* 15, no. 3(March 2011):132-139.

3） Roy F. Baumeister, "Ego Depletion and Self-Regulation Failure: A Resource Model of Self-Control," *Alcoholism: Clinical and Experimental Research* 27, no. 2(February 2003): 281-284; C. Nathan Dewall et al., "Depletion Makes the Heart Grow Less Helpful: Helping as a Function of Self-Regulatory and Genetic Relatedness," *Personality and Social Psychology Bulletin* 34, on. 12(December 2008):1653-1662.

4） Jinyi Long et al., "Distinct Interactions Between FrontoParietal and Default Mode Networks in Impaired Consciousness," *Scientific Reports* 6(2016):1-11.

5） Marcus E. Raichle and Deborah A. Gusnard, "Appraising the Brain's Energy Budget," *Proceedings of the National Academy of Sciences* (PNAS) 99, no. 16(August 2002):10237-10239.

6） Carlo Sestieri et al., "Episodic Memory Retrieval, Parietal Cortex, and the Default Mode Network: Functional and Topical Analyses," *The Journal of Neuroscience* 31, no. 12(March 2011): 4407-4420; Ylva Østby et al., "Mental Time Travel and Default-Mode Network Functional Connectivity in the Developing Brain," *PNAS* 109, no. 42(October 2012): 16800-16804; Roger E. Beaty et al., "Creativity and the Default Network: A Functional Connectivity Analysis of the Creative Brain at Rest," *Neuropsychologia* 64(November 2014): 92-98.

7） Christopher G. Davey, Jesus Pujol, and Ben J. Harrison, "Mapping the Self in the Brain's Default Mode Network," *Neuroimage* 132(May 2016):390-397.

8） Beaty et al., "Creativity and the Default Network," 92-98; Fabiana M. Carvalho et al., "Time-Perception Network and Default Mode Network Are Associated with Temporal Prediction in a Periodic Motion Task," *Frontiers in Human Neuroscience* 10(June 2016): 268.

9） Christopher J. Hyatt et al., "Specific Default Mode Subnetworks Support Mentalizing as Revealed Through Opposing Network Recruitment by Social and Semantic FMRI Tasks," *Human Brain Mapping* 36, no.8(August 2015): 3047-3063.

10） Rebecca L. McMillan, Scott Barry Kaufman, and Jerome L. Singer, "Ode to Positive Constructive Daydreaming," *Frontiers in Psychology* 4(September 2013): 626.

11） Benjamin Baird et al., "Inspired by Distraction: Mind Wandering Facilitates Creative Incubation," *Psychological Science* 23, no. 10(October 2013): 1117-1122.

13）Rebecca Knight, "Make Your Work Resolutions Stick," HBR.ORG, December 29, 2014.
14）Amy Jen Su, "6 Ways to Weave Self-Care into Your Workday," HBR.ORG, June 19, 2017.

5. どうしてもやる気が出ない時、自分を動かす三つの方法

1） Heidi Grant Halvorson and E. Tory Higgins, *Focus: Use Different Ways of Seeing the World for Success and Influence*, Hudson Street Press, 2013.
2） Oliver Burkeman, *The Antidote: Happiness for People Who Can't Stand Positive Thinking*, Farrar, Straus and Giroux, 2012.（邦訳『解毒剤 ポジティブ思考を妄信するあなたの「脳」へ』東邦出版）

6. 生産性向上テクニック嫌いの人のための生産性向上テクニック

1） Theresa Glomb, "Let's Make Work Better," filmed July 21, 2015 in Minneapolis, Minnesota, TedX Talks video, 18:35.

7. 仕事にエネルギーを集中させる五つの方法

1） Steve Taylor, "How Acceptance Can Transform Your Life," *Psychology Today* blog, August 19, 2015.
2） David Rock, *Your Brain at Work: Strategies for Overcoming Distraction, Regaining Focus, and Working Smarter All Day Long*, Harper Business, 2009.（邦訳『最高の脳で働く方法』ディスカヴァー・トゥエンティワン）
3） Christopher Bergland, "How Does Anxiety Short Circuit the Decision-Making Process?" *Psychology Today* blog, March 17, 2016.
4） Annie McKee and Kandi Wiens, "Prevent Burnout by Making Compassion a Habit," HBR.ORG, May 11, 2017.

8. 時間よりも注意力を管理せよ

1） Maura Thomas, "Time Management Training Doesn't Work," HBR.ORG, April 22, 2015.
2） Larry Rosen and Alexandra Samuel, "Conquering Digital Distraction," *Harvard Business Review*, June 2015.（邦訳「デジタル情報に潰されない2つの方法」『DIAMONDハーバード・ビジネス・レビュー』2016年3月号）
3） Peter Bregman, "How(and Why)to Stop Multitasking," HBR.ORG, May 20, 2010.（邦訳「マルチタスクをやめる方法と、やめるべき理由」DHBR.net, 2013年4月24日）
4） Diane Coutu, "The Science of Thinking Smarter," *Harvard Business Review*, May 2008.（邦訳「脳科学はまだ進行形である」『DIAMONDハーバード・ビジネス・レビュー』2009年10月号）

9. 集中力をコントロールし、創造力を発揮する三つの方法

1） Louise Wasylkiw et al., "The Impact of Mindfulness on Leadership in a Health Care Setting:

18) Cassie Mogilner, "You'll Feel Less Rushed If You Give Time Away," HBR.ORG, September 2012.

19) Sarah Green Carmichael, "The Research Is Clear: Long Hours Backfire for People and for Companies," HBR.ORG, August 19, 2015. (邦訳「それでもまだ、無意味な長時間労働を続けますか?」DHBR.net, 2015年11月26日)

3. なぜ人は集中できないのか

1) Cathy N. Davidson, "The History of Distraction, 4000 BCE to the Present," blog post, November 13, 2011.

2) Andy Puddicombe, "Headspace," website, 2018.

4. 仕事に集中できない時はどうすればよいか

1) Susan David, *Emotional Agility: Get Unstuck, Embrace Change, and Thrive in Work and Life*, New York: Avery,2016.(邦訳『EA ハーバード流こころのマネジメント――予測不能の人生を思い通りに生きる方法』ダイヤモンド社)

2) Shawn Achor and Michelle Gielan, "Make Yourself Immune to Secondhand Stress," HBR.ORG, September 2, 2015. (邦訳「他人がまき散らすストレスに"感染"しない4つの方法」DHBR.net, 2015年12月2日)

3) Matthew McKinnon, "Neuroscience of Mindfulness: Default Mode Network, Meditation, and Mindfulness," mindfulnessmd.com, June 17, 2017.

4) Bob Sullivan and Hugh Thompson, "Brain, Interrupted," *New York Times*, May 3, 2013.

5) American Psychological Association, "Multitasking: Switching Costs," March 20, 2006.

6) Susan David, "3 Ways to Better Understand Your Emotions," HBR.ORG, November 10, 2016.

7) Leah Weiss, "A Simple Way to Stay Grounded in Stressful Moments," HBR.ORG, November 18, 2016. (邦訳「アンカリング:ストレス下で集中と平静を保つ方法」DHBR.net, 2017年1月31日)

8) Shawn Achor and Michelle Gielan, "Consuming Negative News Can Make You Less Effective at Work," HBR.ORG, September 14, 2015.

9) K. Anders Ericcson, Michael J. Prietula, and Edward T. Cokely, "The Making of an Expert," *Harvard Business Review*, July-August 2007. (邦訳「一流人材のつくり方」『DIAMONDハーバード・ビジネス・レビュー』2008年3月号)

10) Eilene Zimmerman, "Pedro M. Gardete: Fellow Airline Passengers Influence What You Buy," *Insights by Stanford Business*, Stanford Graduate School of Business, February 6, 2015.

11) Jason Corsello and Dylan Minor, "Want to Be More Productive? Sit Next to Someone Who Is," HBR.ORG, February 14, 2017. (邦訳「生産性を高めたければ座席の配置を見直しなさい」DHBR.net, 2017年4月27日)

12) Jason Fried, "Restoring Sanity to the Office," interview by Sarah Green-Carmichael, *Harvard Business Review*, Audio, 31:32, December 29, 2016.

2. EI はストレスを減らし、集中力を高める

1） Daniel Goleman, *Focus: The Hidden Driver of Excellence*, New York: Harper,2013.（邦訳『フォーカス』日本経済新聞出版社）
2） William Treseder, “The Two Things Killing Your Ability to Focus,” HBR.ORG, August 3, 2016.
3） Madhumita Murgia, “How Stress Affects Your Brain,” TED-Ed video, 4:15.
4） Francesca Gino, “Are You Too Stressed to Be Productive? Or Not Stressed Enough?” HBR.ORG, April 14, 2016.
5） Elaine Karen Hebda-Bauer and Huda Akil, “How Overexpression of a Stress Gene Modifies Alzheimer’s Disease Pathology,” grant from the Alzheimer’s Association, 2007-2010.
6） Kandi Weins, “Leading Through Burnout: The Influence of Emotional Intelligence on the Ability of Executive Level Physician Leaders to Cope with Occupational Stress and Burnout,” dissertation, University of Pennsylvania, 2016.
7） David Brendel, “Stress Isn’t a Threat, It’s a Signal to Change,” HBR.ORG, May 5, 2014.
8） Michael Lipson, “To Improve Your Focus, Notice How You Lose It,” HBR.ORG, November 4, 2015. (This article is reproduced in chapter 3 of this book.)
9） Charlotte Lieberman, “Device-Free Time Is as Important as Work-Life Balance,” HBR.ORG, April 13, 2017.
10） American Psychological Association, “APA’s Survey Finds Constantly Checking Electronic Devices Linked to Significant Stress for Most Americans,” press release, February 23, 2017.
11） Nick van Dam and Els van der Helm, “There’s a Proven Link Between Effective Leadership and Getting Enough Sleep,” HBR.ORG, February 16, 2016.
12） Cristiano Guarana and Christopher M. Barnes, “Research: Sleep Deprivation Can Make It Harder to Stay Calm at Work,” HBR.ORG, August 21, 2017.
13） Larry Rosen, “Relax, Turn Off Your Phone, and Go to Sleep,” HBR.ORG, August 31, 2015.
14） Rasmus Hougaard, Jacqueline Carter, and Gitte Dybkjaer, “Spending 10 Minutes a Day on Mindfulness Subtly Changes the Way You React to Everything,” HBR.ORG, January 18, 2017.
15） Richard J. Davidson and Jon Kabat-Zinn, “Alterations in Brain and Immune Function Produced by Mindfulness Meditation: Three Caveats: Response,” *Psychosomatic Medicine* 66, no. 1(January-February 2004):149-152.
16） Positive Psychology Program, “22 Mindfulness Exercises, Techniques, and Activities for Adults,” January 18, 2017.
17） Annie McKee and Kandi Wiens, “Prevent Burnout by Making Compassion a Habit,” HBR.ORG, May 11, 2017.

『Harvard Business Review』（HBR）とは

ハーバード・ビジネス・スクールの教育理念に基づいて、1922年、同校の機関誌として創刊された世界最古のマネジメント誌。米国内では29万人のエグゼクティブに購読され、日本、ドイツ、イタリア、BRICs諸国、南米主要国など、世界60万人のビジネスリーダーやプロフェッショナルに愛読されている。

『DIAMONDハーバード・ビジネス・レビュー』（DHBR）とは

HBR誌の日本語版として、米国以外では世界で最も早く、1976年に創刊。「社会を変えようとする意志を持ったリーダーのための雑誌」として、毎号HBR論文と日本オリジナルの記事を組み合わせ、時宜に合ったテーマを特集として掲載。多くの経営者やコンサルタント、若手リーダー層から支持され、また企業の管理職研修や企業内大学、ビジネススクールの教材としても利用されている。

石川善樹（いしかわ・よしき）

予防医学研究者、博士（医学）
1981年、広島県生まれ。東京大学医学部健康科学科卒業、ハーバード大学公衆衛生大学院修了後、自治医科大学で博士（医学）取得。公益財団法人Wellbeing for Planet Earth代表理事。「人がよく生きる（Good Life）とは何か」をテーマとして、企業や大学と学際的研究を行う。専門分野は、予防医学、行動科学、計算創造学、概念工学など。近著は、フルライフ（NewsPicks Publishing）、考え続ける力（ちくま新書）など。
Twitter:@ishikun3
HP:https://yoshikiishikawa.com/

ハーバード・ビジネス・レビュー［EIシリーズ］

集中力

2020年6月3日　第1刷発行

編　者――ハーバード・ビジネス・レビュー編集部
訳　者――DIAMONDハーバード・ビジネス・レビュー編集部
発行所――ダイヤモンド社
〒150-8409　東京都渋谷区神宮前6-12-17
http://www.diamond.co.jp/
電話／03･5778･7228（編集）　03･5778･7240（販売）

ブックデザイン―コバヤシタケシ
製作進行――ダイヤモンド・グラフィック社
印刷――――勇進印刷（本文）・加藤文明社（カバー）
製本――――ブックアート
編集担当――前澤ひろみ

ISBN 978-4-478-10795-9